한 끼를 먹어도
푸짐하고 든든하게

5만원
5일 집밥

32만 인플루언서 지미테이블의
식비 절약 레시피 102

지미테이블(송리나) 지음

5만원
5일 집밥

초판 발행 · 2024년 10월 25일
초판 4쇄 발행 · 2025년 10월 20일

지은이 · 송리나
발행인 · 이종원
발행처 · (주)도서출판 길벗
출판사 등록일 · 1990년 12월 24일
주소 · 서울시 마포구 월드컵로 10길 56(서교동)
대표 전화 · 02)332-0931 | **팩스** · 02)323-0586
홈페이지 · www.gilbut.co.kr | **이메일** · gilbut@gilbut.co.kr

편집 팀장 · 민보람 | **기획 및 책임편집** · 서랑례 (rangrye@gilbut.co.kr)
제작 · 이준호, 손일순 | **마케팅** · 정경원, 김진영, 박민주, 류효정 | **유통혁신** · 한준희 | **영업관리** · 김명자 | **독자지원** · 윤정아
디자인 · 곰곰사무소 | **교정교열** · 추지영 | **CTP 출력·인쇄** · 교보피앤비 | **제본** · 신정문화사

- 이 책은 저작권법의 보호를 받는 저작물로 이 책에 실린 모든 내용, 디자인, 이미지, 편집 구성은 허락 없이 복제하거나 다른 매체에 옮겨 실을 수 없습니다.
- 인공지능(AI) 기술 또는 시스템을 훈련하기 위해 이 책의 전체 내용은 물론 일부 문장도 사용하는 것을 금지합니다.
- 잘못 만든 책은 구입한 서점에서 바꿔 드립니다.

ISBN 979-11-407-1121-5(13590)
(길벗 도서번호 020249)

© 송리나

정가 19,800원

독자의 1초까지 아껴주는 정성 길벗출판사

(주)도서출판 길벗 · IT단행본&교재, 성인어학, 교과서, 수험서, 경제경영, 교양, 자녀교육, 취미실용 www.gilbut.co.kr
길벗스쿨 · 국어학습, 수학학습, 주니어어학, 어린이단행본, 학습단행본 www.gilbutschool.co.kr

독자의 1초를 아껴주는 정성!

세상이 아무리 바쁘게 돌아가더라도

책까지 아무렇게나 빨리 만들 수는 없습니다.

인스턴트 식품 같은 책보다는

오래 익힌 술이나 장맛이 밴 책을 만들고 싶습니다.

땀 흘리며 일하는 당신을 위해

한 권 한 권 마음을 다해 만들겠습니다.

마지막 페이지에서 만날 새로운 당신을 위해

더 나은 길을 준비하겠습니다.

독자의 1초를 아껴주는 정성을 만나보십시오.

저자의 말

저는 퇴근하고 남편과 맛있는 저녁을 먹으며 보내는 시간을 좋아했습니다. 별다른 계획 없이 그날 만들고 싶은 요리가 있으면 장을 봐서 요리를 하고, 먹고 싶은 것이 있으면 별다른 고민 없이 외식을 하거나 배달해서 먹곤 했어요.

그렇게 하루하루를 보내다 저의 작은 꿈이었던 베이커리 공방을 닫으면서 일을 그만두게 되었어요. 수입이 줄어드는 만큼 지출도 줄여야 하는 상황이 되었죠. 절약하기 위해 가계부를 쭉 적어나가다 보니 2인 식구가 지출하는 식비가 어마어마하더군요. 식비는 엄청나게 나가고 냉장고는 꽉 차 있는데 끼니를 때우려고 하면 정작 먹을 게 없었죠.

이대로는 안 되겠다 싶어 당장 할 수 있는 일부터 시작했어요. '불필요한 식비를 줄이고, 냉장고에 묵혔다 버려지는 식재료가 없게 하자! 요리를 좋아하니 정해둔 예산에 맞춰 식재료를 사고, 일주일 내내 지키기는 어려우니 주 5일만 저녁에 집밥을 만들어 먹자.'

평소에 인스타그램과 유튜브 채널을 운영하는 데도 관심이 있어서 사진과 영상으로 기록하기 시작했어요. 처음에는 식단을 짜는 데도 1시간이 넘게 걸리고, 하고 싶을 때는 잘 만들어 먹던 요리도 매일같이 하려니 보통 어려운 게 아니었죠.

그래도 맛있게 먹어주는 남편과 따뜻한 후기를 남겨주시는 구독자, 팔로워들에게 힘입어 계속했어요. 식비도 자연스럽게 줄어들었고, 요리도 점점 손에 익어가고, 식재료에도 더욱 관심을 갖게 되었어요. 6개월만 해보자 했던 것이 20개월째 '5만원으로 5일 집밥'을 지속하고 있어요.

이 책에는 제가 그동안 실천했던 방법을 정리해서 계절별로 4주, 총 16주의 식단과 레시피를 담았어요. 낯선 조미료 대신 어느 집에나 있는 흔한 양념을 사용하고, 장을 본 식재료를 그 주에 모두 소진하고 있어요. 화려한 레시피는 아니지만 소박한 집밥이 필요하신 분에게, 식비 절약을 원하시는 분에게 도움이 되기를 바랍니다.

일러두기

INTRO

요리 시작 전에 알아두면 좋은 식비 절약 노하우와 항상 구비해두는 식재료, 양념을 소개합니다. 또한 레시피에 자주 등장하는 주방용품과 식기들도 정리해두었습니다.

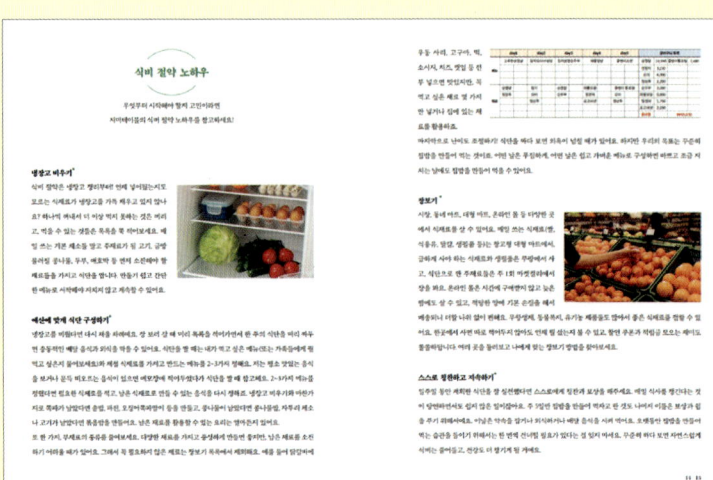

계절별 식단표

봄, 여름, 가을, 겨울 계절별로 주당 5일, 총 4주 20끼의 메뉴를 한눈에 볼 수 있게 식단표로 구성했습니다. 오늘 무엇을 먹을지 고민이라면 지금 당장 식단표를 펼쳐보세요.

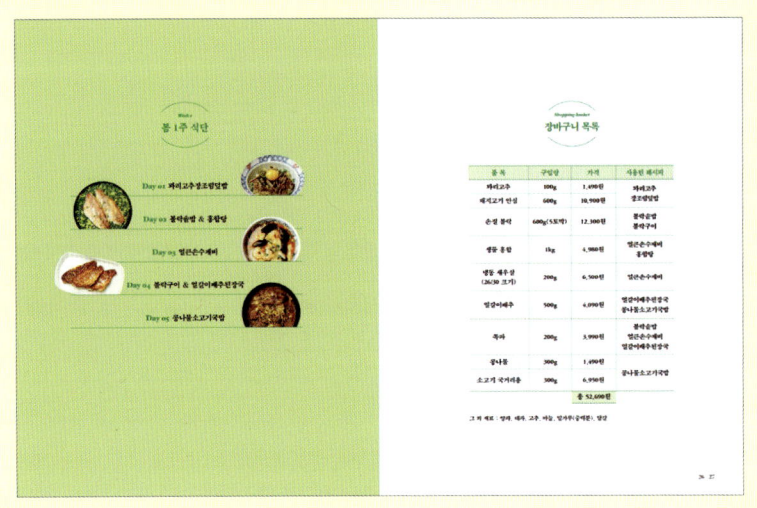

주별 식단 & 장바구니 목록

각 주별 5일치 메뉴를 한 번에 보여줍니다. 바로 옆에는 요리를 만들기 위해 필요한 장보기 재료와 분량, 가격까지 표로 정리해두었습니다. 5만원 한도 내에서 5일 집밥을 만들 수 있는 핵심 페이지입니다.

일별 집밥 레시피

날짜별 집밥 레시피를 소개합니다. 각 레시피에 필요한 재료와 양념은 따로 명시해두었으며, 누구나 쉽게 따라 할 수 있도록 요리 과정을 사진으로 세심하게 보여줍니다.

책을 시작하기 전에

5만원 내외로 식재료를 사고, 주 5일 동안 하루 한 끼를 해 먹어요.
대부분의 재료는 그 주에 모두 사용합니다.
계절과 순서에 상관없이 식단표를 보고 원하는 주의 식단을 선택해서 만들어도 좋아요.
계량은 밥숟가락 기준이에요.
장바구니 목록은 '마켓컬리'에서 산 기준으로 작성되었습니다.
어디서 얼만큼 사야 할지 모르겠다면 장바구니 목록 그대로 마켓컬리에서 사보세요.

Contents

저자의 말   04

식비 절약 노하우   12

항상 구비해놓는 식재료   14

항상 구비해놓는 양념   16

자주 사용하는 주방용품과 식기   18

Chapter 01 봄

봄 식단표   22

봄 1주 식단   24

봄 1주 장바구니 목록   25

Day 1 꽈리고추장조림덮밥   26

Day 2 볼락솥밥 & 홍합탕   28

Day 3 얼큰손수제비   30

Day 4 볼락구이 & 얼갈이배추된장국   32

Day 5 콩나물소고기국밥   34

봄 2주 식단   36

봄 2주 장바구니 목록   37

Day 1 김치낙지죽   38

Day 2 돼지고기탕수육 & 짜장밥   40

Day 3 소고기부추볶음밥   42

Day 4 감자옹심이 & 낙지부추전   44

Day 5 순두부찌개 & 부추비빔밥   46

봄 3주 식단   48

봄 3주 장바구니 목록   49

Day 1 달래장 & 콩나물밥 & 대패삼겹살구이   50

Day 2 스팸두부덮밥   52

Day 3 단호박곤드레솥밥 & 두부조림   54

Day 4 단호박제육볶음 & 콩나물국   56

Day 5 곤드레삼치조림   58

봄 4주 식단   60

봄 4주 장바구니 목록   61

Day 1 삼겹살수육 & 무생채   62

Day 2 동죽탕 & 칼국수   64

Day 3 닭안심카레   66

Day 4 삼겹살김치찌개 & 전자레인지 달걀찜   68

Day 5 황태국밥   70

Chapter 02 여름

여름 식단표	74
여름 1주 식단	76
여름 1주 장바구니 목록	77
Day 1 갈릭새우덮밥	78
Day 2 애호박찌개	80
Day 3 돈가스덮밥(가츠동)	82
Day 4 메밀간장국수 & 감자채전	84
Day 5 닭다리살채소구이 & 마늘볶음밥	86
여름 2주 식단	88
여름 2주 장바구니 목록	89
Day 1 미나리삼겹살볶음 & 된장찌개	90
Day 2 새우꽈리고추파스타	92
Day 3 버섯숙주덮밥	94
Day 4 닭다리살꽈리고추덮밥	96
Day 5 얼큰미나리버섯샤부샤부	98
여름 3주 식단	100
여름 3주 장바구니 목록	101
Day 1 불고기전골	102
Day 2 햄볶음밥 & 달걀국	104
Day 3 꽁치김치찌개	106
Day 4 바지락솥밥	108
Day 5 부대찌개	110
여름 4주 식단	112
여름 4주 장바구니 목록	113
Day 1 마늘등뼈찜	114
Day 2 김치제육볶음 & 양배추쌈	116
Day 3 훈제오리채소볶음 & 시금치된장국	118
Day 4 어묵국수	120
Day 5 비빔만두 & 어묵탕	122

Chapter 03 가을

가을 식단표	126
가을 1주 식단	128
가을 1주 장바구니 목록	129
Day 1 에그누들볶음	130
Day 2 명란비지찌개	132
Day 3 꽃게홍합찜	134
Day 4 스테이크볶음밥	136
Day 5 꽃게된장찌개 & 명란달걀말이	138
가을 2주 식단	140
가을 2주 장바구니 목록	141
Day 1 고추장삼겹살	142
Day 2 참치비빔밥	144
Day 3 김치삼겹순두부	146
Day 4 해물덮밥	148
Day 5 골뱅이소면	150
가을 3주 식단	152
가을 3주 장바구니 목록	153
Day 1 고사리파스타	154
Day 2 우삼겹솥밥	156
Day 3 오징어콩나물국밥	158
Day 4 김치오징어전 & 도토리묵무침	160
Day 5 우삼겹육개장	162
가을 4주 식단	164
가을 4주 장바구니 목록	165
Day 1 닭볶음탕	166
Day 2 중국집 볶음밥	168
Day 3 고추장찌개	170
Day 4 목살꽈리고추볶음	172
Day 5 두부강된장	174

Chapter 04 겨울

겨울 식단표	178
겨울 1주 식단	180
겨울 1주 장바구니 목록	181
Day 1 참치두부조림	182
Day 2 백합탕 & 고등어구이	184
Day 3 얼큰만둣국	186
Day 4 고등어조림	188
Day 5 소고기말이 & 된장밥	190
겨울 2주 식단	192
겨울 2주 장바구니 목록	193
Day 1 돼지고기시금치덮밥	194
Day 2 대패삼겹살하이라이스	196
Day 3 돈가스김치나베	198
Day 4 마파두부	200
Day 5 대패삼겹살부추무침	202
겨울 3주 식단	204
겨울 3주 장바구니 목록	205
Day 1 유린기 & 마늘볶음밥	206
Day 2 오징어양배추볶음	208
Day 3 참치명란양배추덮밥	210
Day 4 김치참치덮밥	212
Day 5 명란솥밥 & 오징어뭇국	214
겨울 4주 식단	216
겨울 4주 장바구니 목록	217
Day 1 소고기두부짜글이	218
Day 2 동태탕	220
Day 3 고등어덮밥	222
Day 4 소고기덮밥	224
Day 5 삼계탕	226
INDEX	228

식비 절약 노하우

냉장고 비우기

식비 절약은 냉장고 정리부터! 언제 넣어뒀는지도 모르는 식재료가 냉장고를 가득 채우고 있지 않나요? 하나씩 꺼내서 더 이상 먹지 못하는 것은 버리고, 먹을 수 있는 것들은 목록을 쭉 적어보세요. 매일 쓰는 기본 채소들 말고 주재료가 될 고기, 금방 물러질 콩나물, 두부, 애호박 등 먼저 소진해야 할 재료들을 가지고 식단을 짭니다. 만들기 쉽고 간단한 메뉴로 시작해야 지치지 않고 계속할 수 있어요.

예산에 맞게 식단 구성하기

냉장고를 비웠다면 다시 채울 차례예요. 장 보러 갈 때 미리 목록을 적어가면 충동구매를 막듯이 한 주의 식단을 미리 짜두면 충동적인 배달 음식과 외식을 막을 수 있어요. 식단을 짤 때는 내가 먹고 싶은 메뉴(또는 가족들에게 뭘 먹고 싶은지 물어보세요)와 제철 식재료를 가지고 만드는 메뉴를 2~3가지 정해요. 저는 평소 맛있는 음식을 보거나 문득 떠오르는 음식이 있으면 메모장에 적어두었다가 식단을 짤 때 참고해요. 2~3가지 메뉴를 정했다면 필요한 식재료를 적고, 남은 식재료로 만들 수 있는 음식을 다시 정하죠. 냉장고 비우기와 마찬가지로 쪽파가 남았다면 솥밥, 파전, 오징어쪽파말이 등을 만들고, 콩나물이 남았다면 콩나물밥, 자투리 채소나 고기가 남았다면 볶음밥을 만들어요. 남은 재료를 활용할 수 있는 요리는 얼마든지 있어요. 또 한 가지, 부재료의 종류를 줄여보세요. 다양한 재료를 가지고 풍성하게 만들면 좋지만, 남은 재료를 소진하기 어려울 때가 있어요. 그래서 꼭 필요하지 않은 재료는 장보기 목록에서 제외해요. 예를 들어 닭갈비에 우동 사리, 고구마, 떡, 소시지, 치즈, 깻잎 등 전부 넣으면 맛있지만, 꼭 먹고 싶은 재료 몇 가지만 넣거나 집에 있는 재료를 활용하죠.

	day1	day2	day3	day4	day5	장바구니 목록			
메뉴	고추장삼겹살	참치오이비빔밥	김치삼겹순두부	해물덮밥	골뱅이소면	삼겹살	14,940	골뱅이통조림	7,480
						캔참치	3,150		
						오이	4,990		
						청상추	2,290		
재료	삼겹살	참치	삼겹살	해물모둠	골뱅이 통조림	순두부	2,000		
	청상추	오이	순두부	청경채	오이	해물모둠	9,800		
		청상추		표고버섯	청상추	청경채	1,790		
						표고버섯	2,590		
						총비용		₩49,030	

마지막으로 난이도 조절하기! 식단을 짜다 보면 의욕이 넘칠 때가 있어요. 하지만 우리의 목표는 꾸준히 집밥을 만들어 먹는 것이죠. 어떤 날은 푸짐하게, 어떤 날은 쉽고 가벼운 메뉴로 구성하면 바쁘고 조금 지치는 날에도 집밥을 만들어 먹을 수 있어요.

장보기

시장, 동네 마트, 대형 마트, 온라인 몰 등 다양한 곳에서 식재료를 살 수 있어요. 매일 쓰는 식재료(쌀, 식용유, 달걀, 생필품 등)는 창고형 대형 마트에서, 급하게 사야 하는 식재료와 생필품은 쿠팡에서 사고, 식단으로 짠 주재료들은 주 1회 마켓컬리에서 장을 봐요. 온라인 몰은 시간에 구애받지 않고 늦은 밤에도 살 수 있고, 적당한 양에 기본 손질을 해서  배송되니 더할 나위 없이 편해요. 무항생제, 동물복지, 유기농 제품들도 많아서 좋은 식재료를 접할 수 있어요. 한곳에서 사면 따로 적어두지 않아도 언제 뭘 샀는지 볼 수 있고, 할인 쿠폰과 적립금 모으는 재미도 쏠쏠하답니다. 여러 곳을 둘러보고 나에게 맞는 장보기 방법을 찾아보세요.

스스로 칭찬하고 지속하기

일주일 동안 계획한 식단을 잘 실천했다면 스스로에게 칭찬과 보상을 해주세요. 매일 식사를 챙긴다는 것이 당연하면서도 쉽지 않은 일이잖아요. 주 5일만 집밥을 만들어 먹자고 한 것도 나머지 이틀은 보상과 쉼을 주기 위해서예요. 이날은 약속을 잡거나 외식하거나 배달 음식을 시켜 먹어요. 오랫동안 집밥을 만들어 먹는 습관을 들이기 위해서는 한 번씩 건너뛸 필요가 있다는 걸 잊지 마세요. 꾸준히 하다 보면 자연스럽게 식비는 줄어들고, 건강도 더 챙기게 될 거예요.

항상 구비해놓는 식재료

기본 채소

한식 메뉴에 대파, 양파, 마늘, 고추는 빠지지 않고 들어가요. 이런 기본 채소는 모자라지 않게 항상 구비해둡니다. 한 번에 많은 양을 사지는 않아요. 채소는 금방 물러지기 때문에 2~4주 사용할 양을 주기적으로 구입해요.

대파

사용하기 편하도록 대파의 흰 부분과 푸른 부분으로 나눠서 잘라 둡니다. 대파의 식감과 향을 살리려면 냉동 보관하지 않고 스텐 용기나 진공 용기에 키친타월을 깔고 신선하게 보관해요.

양파

단단한 양파를 골라야 합니다. 미리 겉껍질을 벗겨내고 물기를 닦아서 하나씩 랩으로 감싸 냉장 보관하면 조금 더 오래갑니다. 물러진 부분은 잘라내고 보관하세요. 양파망에 담긴 그대로 보관하면 서로 닿은 부분부터 물러질 수 있어요.

마늘/다진 마늘

다진 마늘은 비싸니, 소량(500g)을 사서 절반은 다진 마늘로, 나머지 절반은 생마늘로 키친타월을 깔고 보관합니다.

고추

고추는 꼭지를 떼어내고 마른행주로 물기를 닦은 후 용기에 키친타월을 넣고 꼭지 부분이 위로 오도록 세워서 보관합니다.

달걀

볶음밥, 비빔밥에 꼭 들어가고, 반찬이 부족할 때는

달걀 프라이, 달걀찜, 달걀말이로 영양을 보충할 수 있어요. 보통 특란을 사용하고, 사육 환경이 좋은 난각번호 1, 2번 달걀을 구매해요.

김치

찌개, 찜, 볶음, 전 등 김치로 만들 수 있는 요리가 많아요. 잘 익은 김치는 어떤 요리

를 만들어도 맛있어요. 저는 액젓 맛이 나고 진한 김치를 선호합니다.

밀가루, 감자전분

어떤 밀가루를 사야 할지 모르겠다면 중력분 밀가루를 구입

하면 무난합니다. 수제비, 전, 튀김류 등 한식 요리에 두루 쓰여요. 각종 찜 요리, 덮밥 소스, 튀김 요리에 사용하는 감자전분도 사두면 다양하게 사용할 수 있어요.

육수팩/코인 육수 등

조금 더 깊은 맛을 더해주는 육수는 국물 요리, 생선조림, 솥밥 등에 사용해요. 저는 다시마, 멸치, 표고버섯이 골고루 들어간 육수팩을 사용합니다.

바쁠 때는 코인 육수, 가루 육수를 쓰면 편리해요.

국수면/파스타면

입맛 없을 때, 빠르게 한 끼 만들어야 할 때, 그리고 사이드 메뉴로 유용한 국수면과

파스타면. 보관하기 편하고 유통기한이 길어서 미리 구비해둬도 부담이 없어요.

항상 구비해놓는 양념

간장
색이 진하고 단맛이 있는 진간장은 볶음과 조림 요리에 사용하고, 맑고 짠맛이 강한 국간장은 국, 무침 등에 사용해요.

액젓
음식에 짠맛과 감칠맛을 더해주는 액젓을 자주 사용해요. 단맛이 적고 맛이 깊어 국, 찌개에 많이 쓰는 멸치액젓, 비린 맛이 적고 조금 더 깔끔해서 무침, 볶음에 사용하는 까나리액젓 등 종류가 다양해요. 저는 멸치액젓을 주로 사용하는데, 한 가지만 구비해두면 됩니다.

소금
보통 김장에는 천일염을, 요리에는 꽃소금이나 구운 소금을 사용해요. 정제염에 MSG를 더한 맛소금은 감칠맛이 부족할 때 살짝 넣어보세요.

설탕
요리에 필수로 들어가는 설탕. 저는 일반 백설탕을 사용했어요. 칼로리가 걱정된다면 알룰로스, 자일로스 등으로 대체해보세요.

올리고당/물엿
단맛과 윤기를 더하는 올리고당과 물엿. 비슷한 역할을 하지만 올리고당은 고온에서 단맛이 줄어든다는 차이가 있어요. 저는 올리고당만 구비해두고 드레싱에 넣거나 조림과 구이의 마지막에 넣어요.

고춧가루
보통 굵기의 고춧가루와 고운 고춧가루 2가지를 사용해요. 보통 굵기의 고춧가루는 찌개, 볶음, 반찬 등에 사용하고, 고운 고춧가루는 떡볶이, 짬뽕과 같이 요리의 색을 전체적으로 빨갛게 만들 때 사용해요. 하나만 구비해둔다면 다양하게 쓰이는 보통 굵기의 고춧가루를 사면 됩니다.

고추장/된장

한식 요리에 빠지지 않는 고추장과 된장. 곰팡이가 피지 않도록 적은 용량을 사서 냉장 보관해요. 염도가 높은 된장은 레시피에서 양보다 조금 줄여주세요.

맛술

요리의 잡내를 없애주는 맛술. 저는 새콤하고 단맛이 있는 맛술을 사용합니다.

식초

상큼한 맛을 더해주는 식초. 양조식초, 사과식초, 현미식초 등 종류가 다양한데, 저는 기본적이고 깔끔한 양조식초를 사용합니다.

후춧가루

한식에는 보통 순후추를 넣고, 고기를 굽거나 샐러드, 파스타 등에는 통후추를 갈아 넣어요. 2가지 모두 구비해두는 것이 좋아요.

연두

요리의 맛이 부족할 때 감칠맛을 더해주는 제품. 기호에 따라 생략하거나 조금만 넣어도 괜찮아요. 너무 많이 넣으면 짜거나 느끼해질 수 있으니 적당량을 넣어주세요.

참기름/들기름

고소한 향을 끝까지 유지하도록 소량씩 삽니다. 참기름은 직사광선을 피해 실온에 보관하고, 들기름은 냉장 보관해요.

자주 사용하는 주방용품과 식기

도마
손목이 편하고 재료를 써는 소리가 좋은 나무 도마를 주로 사용해요. 김치나 고기, 해산물과 같은 재료는 열탕 소독이 되는 실리콘 도마를 이용하면 좋아요.

믹싱볼
소스를 만들거나 재료를 섞고 무칠 때, 재료를 손질할 때 등 다양하게 쓰여요. 무거운 유리, 스크래치가 생기는 플라스틱보다 좋은 소재의 뚜껑 있는 스텐이 조금 더 편리하고 오래 사용할 수 있어요.

계량컵/타이머/전자저울
1L 이하의 계량컵, 작은 타이머, 1g 단위로 측정할 수 있는 전자저울을 구비해두면 어떤 레시피를 만들어도 실패를 줄일 수 있어요.

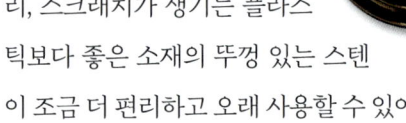

스텐밧드
손질한 식재료를 담아둘 때 사용해요. 고기를 재어둘 때나 바쁜 날에는 미리 재료들을 손질해서 바트에 담아두면 식사를 준비하는 시간을 줄일 수 있어요. 믹싱볼과 마찬가지로 좋은 소재의 뚜껑 있는 스텐 제품이 편리해요.

조리도구
볶음 스푼, 국자, 뒤집개, 깔끔 주걱 등 요리할 때 꼭 필요한 조리도구. 코팅 팬과 냄비를 사용한다면 손상을 줄여주는 나무나 실리콘 제품을 사용해보세요.

프라이팬/웍

스텐이나 무쇠 소재의 바닥이 도톰한 제품이 좋아요. 조금 무거워도 열 전달률과 열 보존율이 좋아서 온도를 일정하게 유지해 요리의 맛을 올려줍니다. 보통 24cm, 28cm를 사용하고, 가끔 32cm 팬을 사용해요.

냄비/전골냄비/주물냄비

프라이팬, 웍과 마찬가지로 스텐과 무쇠로 만든 냄비를 사용해요. 라면 1개를 끓일 수 있는 작은 냄비부터 닭, 돼지 등뼈가 들어가는 큰 냄비까지 여러 가지 크기가 있어요. 높이가 얕은 전골냄비나 작은 무쇠솥 등은 다양한 요리에 사용할 수 있어요.

식기

한식에 어울리는 단정한 식기 세트와 메인 요리를 담을 넓은 접시, 자주 사용하는 면기는 단순한 디자인이 좋아요. 앞접시나 작은 종지는 개성이 있는 제품을 다양하게 구비해두고 사용합니다. 한 번에 많이 구매하기보다 마음에 드는 것이 눈에 띌 때마다 하나씩 사두는 것이 좋아요.

추천 브랜드: 무자기, 인소일, 크로우캐년, 시라쿠스, 카네수즈, 광주요, 폴라앳홈 등

Chapter 01

Spring

봄

Meal plan

봄 식단표

	Day 1	Day 2	Day 3	Day 4	Day 5	장보기 금액
1주	꽈리고추 장조림덮밥	볼락솥밥 & 홍합탕	얼큰손수제비	볼락구이 & 얼갈이배추 된장국	콩나물 소고기국밥	52,690원
2주	김치낙지죽	돼지고기탕수육 & 짜장밥	소고기 부추볶음밥	감자옹심이 & 낙지부추전	순두부찌개 & 부추비빔밥	48,261원

Meal plan

봄 식단표

	Day 1	Day 2	Day 3	Day 4	Day 5	장보기 금액
3주	달래장 & 콩나물밥 & 대패삼겹살구이	스팸두부덮밥	단호박 곤드레솥밥 & 두부조림	단호박 제육볶음 & 콩나물국	곤드레 삼치조림	45,370원
4주	삼겹살수육 & 무생채	동죽탕 & 칼국수	닭안심카레	삼겹살 김치찌개 & 전자레인지 달걀찜	황태국밥	47,738원

Week 1

봄 1주 식단

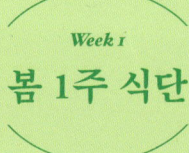

Day 01 꽈리고추장조림덮밥

Day 02 볼락솥밥 & 홍합탕

Day 03 얼큰손수제비

Day 04 볼락구이 & 얼갈이배추된장국

Day 05 콩나물소고기국밥

장바구니 목록

품목	구입량	가격	사용된 레시피
꽈리고추	100g	1,490원	꽈리고추 장조림덮밥
돼지고기 안심	600g	10,900원	
손질 볼락	600g(5토막)	12,300원	볼락솥밥 볼락구이
생물 홍합	1kg	4,980원	얼큰손수제비 홍합탕
냉동 새우살 (26/30 크기)	200g	6,500원	얼큰손수제비
얼갈이배추	500g	4,090원	얼갈이배추된장국 콩나물소고기국밥
쪽파	200g	3,990원	볼락솥밥 얼큰손수제비 얼갈이배추된장국
콩나물	300g	1,490원	콩나물소고기국밥
소고기 국거리용	300g	6,950원	
		총 52,690원	

그 외 재료 : 양파, 대파, 고추, 마늘, 밀가루(중력분), 달걀

Day 1

꽈리고추장조림덮밥 (2인분)

Recipe
봄 1주 레시피

재료 돼지고기 안심 600g, 꽈리고추 100g, 달걀 2개, 대파 1대, 통후추 15개, 밥 2공기
양념 물 500ml, 진간장 100ml, 설탕 5숟가락, 맛술 50ml, 올리고당 2숟가락

How to make

1 끓는 물에 돼지고기 안심과 통으로 썬 대파 1대, 통후추 15개를 넣고 20분간 삶는다.

2 고기를 삶는 동안 꽈리고추를 먹기 좋은 크기로 자른다.

3 돼지고기가 완전히 익으면 한 김 식힌 후 얇게 찢어서 준비한다.
칼로 가늘게 썰어도 되지만 손으로 찢으면 덜 질기고 양념이 잘 배어 맛이 좋다.

4 냄비에 물 500ml, 진간장 100ml, 맛술 50ml, 설탕 5숟가락을 넣고, 설탕이 녹을 때까지 한 번 끓인다.

5 바르르 끓으면, 찢어놓은 돼지고기와 꽈리고추를 넣고 중불에 10분간 조린다.

6 마지막으로 올리고당 2숟가락을 넣고 한 번 섞어서 윤기를 더한다.

7 그릇에 밥을 담고 돼지고기, 꽈리고추를 올린 후 장조림 국물을 끼얹는다. 달걀노른자를 올려 고소함을 더한다.
남은 장조림은 한 김 식힌 후 냉장 보관한다.

tip 꽈리고추 대신 삶은 달걀, 삶은 메추리알, 청양고추, 곤약 등을 넣어도 좋다.

Day 2

볼락솥밥 & 홍합탕 (2~3인분)

Recipe
봄 1주 레시피

재료 쌀 2컵, 물(육수) 2컵, 손질 볼락(2토막), 쪽파 100g, 홍합 500g, 청양고추 1개, 마늘 3개

양념 진간장 1숟가락, 소금 조금, 후춧가루 조금, 식용유 3숟가락, 물 300ml

1컵=180ml   냉동 볼락은 미리 해동해둔다.

How to make

[볼락솥밥]

1 쌀 2컵을 씻어서 물에 30분 이상 불린다.
찬물 400ml에 육수팩을 넣어 냉침해두면 편하게 사용할 수 있다.

[홍합탕]

2 쌀을 불리는 동안, 홍합 1kg을 손질한다.
홍합은 뻘에 살지 않아 해감할 필요 없다.
홍합에 달린 수염(족사)을 떼어내고, 껍데기에 묻은 이물질은 홍합끼리 문질러서 제거한다.
찬물에 3~4번 깨끗이 헹궈서 준비한다.

3 손질한 홍합의 절반은 홍합탕에 넣고, 나머지는 해물수제비에 사용한다.
다음 날 사용할 경우에는 물에 담가 냉장 보관하고, 더 오래 두고 먹을 경우에는 물을 빼고 냉동 보관한다.

4 솥밥에 올릴 쪽파 90g은 잘게 썰고, 홍합탕에 넣을 쪽파 10g(1대)은 손가락 힌 마디 길이로 썬다. 마늘 3개는 편 썰고, 칼칼함을 더해줄 청양고추 1개는 송송 썬다.

[볼락솥밥]

5 솥에 불린 쌀과 육수 2컵(360ml), 진간장 1숟가락을 넣고 한 번 섞은 다음 뚜껑을 연 상태로 센 불에 5분 끓인 후 뚜껑을 닫고 약불로 줄여 10~12분 동안 밥을 짓는다. 해동해둔 볼락 2토막은 물기를 제거하고 팬에 식용유 3숟가락을 넉넉히 둘러 튀기듯이 굽는다.

6 불을 끄고, 잘게 썬 쪽파와 구운 볼락을 올린 후 뚜껑을 닫고 10분긴 뜸 들인다.

[홍합탕]

7 손질한 홍합 500g과 물 300ml를 넣고 센 불에 끓인다. 물이 끓고 홍합이 벌어지면, 편 썬 마늘과 송송 썬 청양고추, 길게 썬 쪽파, 후춧가루 조금 넣고 한 번 더 끓인다.
따로 간은 하지 않는다. 맛을 본 후 간이 모자라다면 소금 간을 더한다.

8 솥밥은 주걱을 세워 위아래로 섞어서 먹는다.

tip 볼락을 구하기 어렵다면 가자미, 갈치 등 다른 흰살 생선으로 대체해도 된다.

Day 3

얼큰손수제비 (2인분)

Recipe
봄 1주 레시피

반죽 재료 밀가루(중력분) 180g, 물 100ml, 소금 1/3숟가락, 식용유 1숟가락
수제비 재료 홍합 500g, 냉동 새우 200g, 양파 1/4개, 쪽파 1대, 물 1.5L, 육수팩 1개
양념 고추장 2숟가락, 된장 1/2숟가락, 국간장 1숟가락, 액젓(멸치) 1숟가락, 고춧가루 1/3숟가락, 다진 마늘 1/2숟가락, 다시다 1/3숟가락(생략 가능), 후춧가루 조금

Day2에서 손질한 홍합을 준비하고, 냉동 새우는 미리 해동해둔다.
반죽은 1시간 이상 냉장 숙성해야 하므로 전날이나 조리 전에 미리 반죽해두는 것이 좋다.

How to make

1 넓은 볼에 밀가루(중력분) 180g, 물 100ml, 소금 1/3숟가락, 식용유 1숟가락을 넣고 치대면서 반죽한다.
수제비를 얇게 뜨려면 반죽이 조금 질어야 한다. 물을 조금씩 넣어가면서 손에 들러붙지 않을 정도로 반죽한다.

2 반죽은 랩이나 비닐로 감싸서 냉장고에 1시간 이상 숙성한다.

3 홍합은 수염(족사)을 제거하고 깨끗이 씻는다. 냉동 새우는 물에 담가 해동한다.

4 냄비에 물 1.5L를 붓고 육수팩 1개를 넣어 육수를 끓인다.

5 쪽파 1대는 송송 썰고, 양파 1/4개는 채 썬다.

6 육수팩을 건져내고, 고추장 2숟가락, 된장 1/2숟가락, 국간장 1숟가락을 넣어시 한 번 더 끓인다.

7 숙성된 반죽을 얇게 떼어 넣는다.
손에 물을 묻히면 반죽이 덜 달라붙는다.

8 반죽이 거의 익을 때까지 중불에 끓인다.
반을 잘라 익었는지 확인해본다.

9 홍합, 새우, 채 썬 양파를 넣고 끓인 다음, 액젓(멸치) 1숟가락, 고춧가루 1/3 숟가락, 다진 마늘 1/2숟가락, 다시다 1/3숟가락을 넣어 간을 맞춘다.

10 재료가 전부 익으면, 송송 썬 쪽파를 넣고 후춧가루를 뿌린다.

tip 반죽이 어렵다면 시판 수제비를 사용한다.

Day 4

볼락구이 & 얼갈이배추된장국 (2인분)

Recipe
봄 1주 레시피

재료 볼락 3토막, 얼갈이배추 250g, 쪽파 4대, 청양고추 2개, 물 1L, 육수팩 1개

양념 된장 2숟가락, 다진 마늘 1/2숟가락, 참치액 1숟가락

day 5 소고기국밥에 사용할 얼갈이배추도 같이 손질한다.
냉동 생선은 미리 해동해서 물기를 닦아낸다.

How to make

얼갈이배추된장국

1 얼갈이배추 500g은 깨끗이 씻어서 끓는 물에 2분간 데친다.

2 데친 얼갈이배추는 찬물에 헹구고 물기를 꼭 짜낸다. 절반으로 나눠서 된장국에 사용할 것은 손가락 한 마디 크기로, 소고기국밥에 사용할 것은 손가락 두 마디 크기로 자른다.

3 쪽파 4대는 길게, 청양고추 2개는 송송 썬다.

4 냄비에 물 1L를 붓고 육수팩을 넣어 육수를 우린다.
데친 얼갈이배추에 된장 2숟가락, 다진 마늘 1/2숟가락, 참치액 1숟가락을 넣고 조물조물 무친다.

5 육수가 끓으면 육수팩을 건져내고, 양념에 무친 얼갈이배추를 넣어 중불에 15분 끓인다. 얼갈이배추가 부드럽게 익으면, 길게 썬 쪽파와 송송 썬 청양고추를 넣고 한 번 더 끓인다.

볼락구이

6 해동한 볼락은 물기를 제거하고 칼집을 낸다.

7 식용유를 넉넉히 두른 팬에 볼락을 튀기듯 껍질부터 노릇하게 굽는다.

Day 5

콩나물소고기국밥 (2인분)

Recipe
봄 1주 레시피

재료 소고기 국거리용 300g, 콩나물 300g, 얼갈이배추 250g, 대파 1대

양념 고춧가루 2숟가락, 진간장 1숟가락, 국간장 2숟가락, 액젓(멸치) 1숟가락, 다진 마늘 1숟가락, 후춧가루 조금, 식용유 2숟가락, 물 1L

얼갈이배추된장국을 만들 때 미리 데쳐둔 얼갈이배추를 사용한다.

How to make

1 국거리용 소고기 300g과 데친 얼갈이배추를 준비한다.

2 콩나물 300g은 씻어두고, 대파 1대는 세로로 반을 갈라 길게 썬다.

3 냄비에 식용유 2숟가락을 두르고 예열한 후, 소고기를 넣어 중불에 볶는다.

4 소고기의 겉부분이 익으면 약불로 줄이고, 고춧가루 2숟가락, 진간장 1숟가락을 넣어 빨갛게 볶는다.

5 물 1L, 국간장 2숟가락, 액젓(멸치) 1숟가락을 넣고 끓으면, 데친 얼갈이배추를 넣어 중불에 15분간 끓인다.
물이 너무 졸아들면 추가한다.

6 얼갈이배추가 푹 익으면, 콩나물과 길게 썬 대파, 다진 마늘 1숟가락을 넣어 10분간 끓인다.

7 후춧가루를 뿌린다.

tip 뚝배기에 덜어서 한 번 더 끓이면 더 맛있다.

Week 2

봄 2주 식단

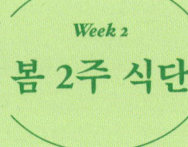

Day 01 김치낙지죽

Day 02 돼지고기탕수육 & 짜장밥

Day 03 소고기부추볶음밥

Day 04 감자옹심이 & 낙지부추전

Day 05 순두부찌개 & 부추비빔밥

장바구니 목록

품목	구입량	가격	사용된 레시피
절단 낙지(냉동)	400g	10,900원	김치낙지죽 낙지부추전
돼지고기 등심 (탕수육용)	600g	10,900원	돼지고기탕수육 짜장밥
짜장 소스	1봉지(250g)	3,500원	짜장밥
소고기 다짐육	300g	6,791원	소고기부추볶음밥
부추	200g	3,490원	소고기부추볶음밥 부추비빔밥 낙지부추전
감자옹심이(냉동)	4봉지(600g)	10,680원	감자옹심이
순두부	1봉지	2,000원	순두부찌개
		총 48,261원	

그 외 재료 : 양파, 대파, 고추, 김치, 달걀, 감자전분, 튀김가루, 당근, 캔참치

Day 1

김치낙지죽 (2인분)

Recipe
봄 2주 레시피

재료 김치 300g, 낙지(냉동) 300g, 쌀 1.5컵, 물 1.5L, 육수팩 2개, 밀가루 2숟가락
양념 국간장 1숟가락, 식용유 2숟가락, 고춧가루 1/2숟가락, 참기름 조금, 깨소금 조금, 김가루 조금
1컵 = 180ml

How to make

1 쌀 1.5컵은 깨끗이 씻어서 물에 30분 이상 불린다.

2 볼에 물 1.5L를 붓고 육수팩 2개를 넣어 냉침 육수를 만든다.

3 낙지 400g은 해동 후 밀가루 2숟가락을 넣고 주물러서 씻는다(100g은 덜어내 낙지부추전에 사용한다). 낙지를 끓는 물에 1분 내로 살짝 데치고 식힌 후 잘게 썬다.

4 익은 김치 300g은 양념을 털고 잘게 썬다.

5 냄비에 식용유 2숟가락을 두르고, 불린 쌀과 김치를 넣어 중불에 볶는다.

6 쌀이 조금 투명하게 익으면 육수 1L를 붓고 끓인다.

7 쌀이 푹 익을 정도로 중약불에 천천히 끓인다. 바닥에 눌어붙지 않도록 저어가면서 끓인다.

8 물이 부족하면 육수나 물을 추가한다.

9 푹 끓고 나면 국간장 1숟가락, 고춧가루 1/2숟가락을 넣어 간을 맞춘다.

10 죽이 거의 완성되면 불을 끈 후 데친 낙지를 넣고 섞는다.

11 그릇에 죽을 담고, 참기름, 깨소금, 김가루를 뿌린다.

Day 2

돼지고기탕수육 & 짜장밥 (2인분)

Recipe
봄 2주 레시피

재료 돼지고기 등심 탕수육용 600g, 양파 1.5개, 당근 조금, 짜장 소스 1봉지(250g), 밥 2공기, 식용유 2숟가락
반죽 재료 감자전분 3숟가락, 튀김가루 5숟가락, 달걀 1개, 식용유 2숟가락, 물 150ml
소스 재료 물 400ml, 진간장 3숟가락, 식초 5숟가락, 설탕 7숟가락, 소금 1꼬집
돼지고기 밑간 양념 맛술 1숟가락, 소금 1꼬집, 후춧가루 조금
전분물 재료 감자전분 2숟가락, 물 4숟가락

How to make

🟢 짜장밥

1 양파 1개, 돼지고기 등심 200g을 깍둑썰기를 한다.

2 웍에 식용유 2숟가락을 두르고 양파를 중불에 볶는다.

3 양파가 투명하게 익으면, 돼지고기를 넣고 같이 볶는다.

4 돼지고기와 양파가 노릇하게 익으면, 짜장 소스 1봉지를 붓고 같이 볶다가 물을 조금씩 더해가면서 간을 맞춘다.
시판 짜장 가루나 춘장을 사용해도 된다.

5 먹기 직전에 밥 위에 짜장 소스를 올린다.

🟢 돼지고기탕수육

6 양파 1/2개는 채 썰고, 당근은 반달썰기를 한다.
탕수육 소스에는 자투리 채소를 넣으면 좋다.

7 돼지고기 등심 400g은 맛술 1숟가락, 소금 1꼬집, 후춧가루 조금 뿌려서 밑간을 한다.

8 볼에 감자전분 3숟가락, 튀김가루 5숟가락, 달걀 1개, 식용유 2숟가락, 물 150ml를 섞어서 반죽을 만든다.

9 반죽에 밑간한 돼지고기를 넣고 젓가락으로 섞는다.

10 냄비에 식용유를 넉넉히 두르고 반죽을 입힌 고기를 넣고 두 번 튀긴다.
기름에 반죽을 떨어트려 3초 후에 올라오면 적정한 온도.
전분 때문에 서로 달라붙을 수 있는데, 반죽이 단단하게 튀겨졌을 때 톡톡 치면 자연스럽게 떨어진다.

11 냄비에 물 400ml, 진간장 3숟가락, 식초 5숟가락, 설탕 7숟가락, 소금 1꼬집, 채 썬 양파, 당근을 넣고 끓인다.
취향에 따라 식초와 설탕의 양을 조절해서 간을 맞춘다.

12 소스가 끓어오르면 감자전분 2숟가락, 물 4숟가락을 섞어 만든 전분물을 넣으면서 걸쭉하게 만든다. 튀긴 돼지고기에 소스를 곁들인다.

Day 3

소고기부추볶음밥(2인분)

Recipe
봄 2주 레시피

재료 소고기 다짐육 300g, 부추 50g, 당근 조금, 밥 2공기, 달걀 2개
소고기 양념 진간장 2숟가락, 설탕 1숟가락, 다진 마늘 1숟가락, 맛술 1숟가락
볶음밥 양념 식용유 1숟가락, 굴소스 2숟가락(또는 굴소스 1숟가락, 진간장 1숟가락), 참기름 조금

How to make

1 소고기 다짐육 300g에 진간장 2숟가락, 설탕 1숟가락, 다진 마늘 1숟가락, 맛술 1숟가락을 넣고 조물조물 무친다.

2 부추 50g은 1.5cm 길이로 자르고, 색감을 위해 당근을 조금 다진다.

3 팬에 식용유 1숟가락을 두르고, 양념한 고기를 넣어 중불에 물기가 없어질 때까지 볶는다.

4 약불로 낮춘 후 밥 2공기를 넣고 골고루 섞는다.

5 굴소스 2숟가락을 넣어 간을 한다. 조금 더 깔끔한 맛을 원한다면 굴소스 1숟가락, 진간장 1숟가락으로 간을 맞춘다.

6 썰어둔 부추와 당근을 넣고 중불에 빠르게 볶는다.

7 불을 끄고 참기름을 살짝 두른다.

8 달걀 프라이를 해서 볶음밥 위에 올린다.

Day 4

감자옹심이 & 낙지부추전 (2인분)

Recipe
봄 2주 레시피

재료 감자옹심이(냉동) 450g, 낙지 100g, 부추 80g, 양파 1/4개, 청양고추 1개
부추전 반죽 튀김가루 7숟가락, 물 200ml, 액젓(멸치) 1/2숟가락
김치낙지죽을 만들 때 손질해둔 낙지를 사용한다.
감자옹심이 양념 물 1.5L, 국간장 1숟가락, 다진 마늘 1숟가락, 후춧가루 조금, 육수팩 2개

How to make

낙지부추전

1 낙지 100g을 끓는 물에 1분 내로 살짝 데치고 식힌 후 잘게 썬다.

2 부추 80g은 5cm 길이로 썰고, 청양고추 1개는 얇게 송송 썬다.

3 감자옹심이에 넣을 양파 1/4개는 채 썬다.

4 볼에 썰어둔 낙지와 부추, 송송 썬 청양고추, 튀김가루 7숟가락, 물 200ml, 액젓 1/2숟가락을 넣고 골고루 섞는다.
낙지에 간이 되어 있다면 액젓은 생략한다.

5 팬에 식용유를 넉넉히 두르고 예열한 후 중약불에 반죽을 올리고 넓게 펴서 노릇하게 굽는다.
전을 뒤집기가 어렵다면 작은 크기로 부친다.

감자옹심이

6 냄비에 물 1.5L를 붓고 육수팩 2개를 넣어 육수를 끓인다

7 육수가 끓으면 육수팩을 건져내고, 채 썬 양파와 감자옹심이 450g을 넣어 센 불에 끓인다.
애호박, 감자, 버섯 등 자투리 채소를 더 넣어도 좋다.

8 감자옹심이가 익으면서 떠오르면 국간장 1숟가락, 다진 마늘 1숟가락, 후춧가루 조금 넣고 모자란 간은 소금을 더 해서 맞춘다.

9 그릇에 덜어 마무리한다.
잘게 썬 쪽파나 홍고추를 고명으로 올리면 보기에도 좋다.

Day 5

순두부찌개 & 부추비빔밥 (2인분)

Recipe
봄 2주 레시피

재료 순두부 1봉지, 부추 70g, 대파 1/4대, 양파 1/4대, 청양고추 1개, 달걀 3개, 밥 2공기, 캔참치 조금, 고추장(또는 간장)

순두부찌개 양념 식용유 2숟가락, 고춧가루 2숟가락, 진간장 1숟가락, 물 300ml, 국간장 1숟가락, 다시다 1/2숟가락, 후춧가루 조금

How to make

> 순두부찌개

1 순두부찌개에 들어갈 대파 1/4대, 양파 1/4대는 잘게 썰고, 청양고추 1개는 송송 썬다.

2 뚝배기에 식용유 2숟가락을 두르고 잘게 썬 대파, 양파를 약불에 볶는다.

3 양파가 투명하게 익으면 고춧가루 2숟가락을 넣고 볶아서 고추기름을 만든 다음 진간장 1숟가락을 넣어 양념장을 만든다.

양념이 타서 눌어붙지 않게 약불로 유지한다.

4 양념장에 물 300ml를 넣고 중불에 끓인다.

5 양념이 끓어오르면 국간장 1숟가락, 다시다 1/2숟가락을 넣은 다음 순두부 1봉지를 반으로 잘라 넣는다.

6 중약불로 5분 끓이면서 국물이 약간 졸아들면 송송 썬 청양고추와 달걀 1개를 넣어서 한 소끔 더 끓인다.

7 마지막으로 후춧가루를 뿌린다.

> 부추비빔밥

8 부추 70g은 억센 아랫부분을 조금 잘라내고 2cm 길이로 썬다.

9 밥 위에 썰어둔 부추, 캔참치, 달걀 프라이를 올리고 고추장이나 간장을 넣어서 비빈다.

Week 3

봄 3주 식단

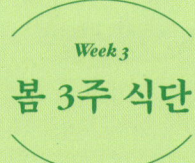

Day 01 달래장 & 콩나물밥 & 대패삼겹살구이

 Day 02 스팸두부덮밥

Day 03 단호박곤드레솥밥 & 두부조림

 Day 04 단호박제육볶음 & 콩나물국

Day 05 곤드레삼치조림

장바구니 목록

품 목	구입량	가격	사용된 레시피
달래	60g	3,990원	달래장
콩나물	300g	1,490원	콩나물밥 콩나물국
대패 삼겹살(냉동)	1kg	9,900원	대패삼겹살구이 단호박제육볶음
두부	300g*2	5,480원	스팸두부덮밥 두부조림
통조림 햄	200g	3,200원	스팸두부덮밥
단호박	1통	5,490원	단호박곤드레솥밥 단호박제육볶음
삶은 곤드레	500g	5,570원	곤드레삼치조림 단호박곤드레솥밥
손질 삼치(냉동)	400~500g	10,250원	곤드레삼치조림
		총 45,370원	

그 외 재료 : 양파, 대파, 고추, 감자전분

Day 1

달래장 & 콩나물밥
& 대패삼겹살구이(2인분)

Recipe
봄 3주 레시피

재료 콩나물 200g, 쌀 2컵, 달래 60g, 대파 흰 부분 1토막, 홍고추 1/2개, 대패 삼겹살(냉동) 400g

달래장 양념 진간장 6숟가락, 올리고당 2숟가락, 고춧가루 1/2숟가락, 참기름 3숟가락, 통깨 1숟가락

대패삼겹살구이 양념 소금 2꼬집, 후춧가루 조금

How to make

[콩나물밥]

1 쌀 2컵을 씻어 내솥에 넣고 밥물은 일반 밥보다 조금 적게 맞춘다.

2 콩나물 200g을 씻어서 쌀 위에 올리고 일반취사로 밥을 짓는다.

[달래장]

3 달래 60g은 흐르는 물에 흙을 씻어내고 뿌리 쪽 겉껍질과 단단한 부분을 벗겨낸다.

4 씻은 달래를 먹기 좋은 크기로 썬다. 뿌리 쪽 동그란 부분은 칼등으로 두드리거나 잘게 다진다. 대파 흰 부분 1도막, 홍고추 1/2개도 잘게 다진다.

5 썰어놓은 달래, 대파, 홍고추를 볼에 담고, 진간장 6숟가락, 올리고당 2숟가락, 고춧가루 1/2숟가락, 참기름 3숟가락, 통깨 1숟가락을 넣어 달래장을 만든다.

[대패삼겹살구이]

6 대패 삼겹살 400g은 중강불로 노릇하게 구운 후 소금 2꼬집, 후춧가루를 뿌려 간을 한다.

Day 2

스팸두부덮밥(2인분)

Recipe
봄 3주 레시피

재료 통조림 햄 1캔(200g), 두부 1모(300g), 대파 푸른 부분 1/4대, 청양고추 1개, 감자전분 2숟가락, 밥 2공기
양념 설탕 1숟가락, 진간장 2숟가락, 맛술 1숟가락, 물 3숟가락, 참기름 조금

How to make

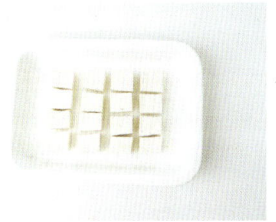

1 두부 1모는 손가락 한 마디 크기로 깍 둑썰기를 하고 물기를 제거한다.

2 대파 푸른 부분 1/4대, 청양고추 1개 는 잘게 다진다.

3 통조림 햄 1캔도 깍둑썰기를 한다.

4 설탕 1숟가락, 진간장 2숟가락, 맛술 1숟가락, 물 3숟가락을 섞어 양념장을 만든다.

5 일회용 비닐봉지에 물기를 제거한 두 부와 감자전분 2숟가락을 넣고 흔들어 섞 는다.

두부가 부서지지 않도록 살살 섞는다.

6 팬에 식용유를 넉넉히 두르고 두부를 올려서 중약불에 천천히 굽는다.

전분 때문에 서로 달라붙을 수 있으니 두부 간 격을 충분히 띄운다.

7 두부의 모든 면을 노릇하게 구워서 기 름기를 뺀다.

8 팬에 잘라둔 햄, 다진 대파, 청양고추 를 넣어 중불에 볶는다.

9 햄의 겉면이 노릇해지면 중약불로 줄 이고 양념장을 붓는다.

불이 너무 세면 양념장을 넣을 때 튈 수 있으니 조심한다.

10 튀긴 두부도 넣고 중불에 빠르게 볶 는다.

양념장이 골고루 섞일 정도만 짧게 볶는다.

11 불을 끄고 참기름을 한 번 둘러서 마 무리한다.

12 밥 위에 달콤 짭짤한 두부와 햄을 올 린다.

Day 3

단호박곤드레솥밥 & 두부조림 (2인분)

Recipe
봄 3주 레시피

재료 쌀 1.5컵, 물 1.5컵, 단호박 1/2개, 삶은 곤드레 100g, 두부 1모(300g), 양파 1/2개, 대파 1/3대, 진간장 1/2숟가락(또는 쯔유 1숟가락)

두부조림 양념 진간장 1.5숟가락, 참치액 1숟가락, 올리고당 1숟가락, 고춧가루 2숟가락, 맛술 1숟가락, 다진 마늘 1/2숟가락, 참기름 1숟가락, 식용유 1숟가락, 물 150ml

1컵 = 180ml
삶은 곤드레 1봉지(500g)의 물기를 짜내면 약 200g이 남는다. 그중 절반을 사용한다.

How to make

[두부조림]

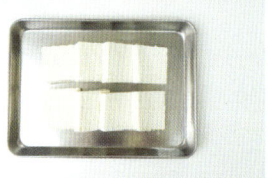

1 두부 1모는 넓적하고 도톰하게 잘라 물기를 제거한다.

2 양파 1/2개는 얇게 채 썰고, 대파 1/3대는 송송 썬다.

3 진간장 1.5숟가락, 참치액 1숟가락, 올리고당 1숟가락, 고춧가루 2숟가락, 맛술 1숟가락, 다진 마늘 1/2숟가락, 참기름 1숟가락을 섞어 양념장을 만든다.

4 팬에 식용유 1숟가락을 두르고 물기 뺀 두부를 중불에 양쪽 면을 노릇하게 굽는다.

5 구운 두부에 채 썬 양파와 양념장을 올리고 물 150ml를 붓는다.

6 중약불에 졸이면서 양념이 배면 송송 썬 대파를 올린다.

[단호박곤드레솥밥]

7 단호박 1개를 전자레인지에 2분간 돌린 후 1/2개만 사용한다. 단호박 속의 씨를 빼내고, 3cm 크기로 깍둑썰기를 한다.

8 삶은 곤드레의 물기를 짜내고 절반(약 100g)을 덜어서 밥과 잘 섞이도록 작게 썬다.

9 쌀 1.5컵을 불려서 솥에 담고 물 1.5컵을 붓는다.

10 진간장 1/2숟가락(또는 쯔유 1숟가락)을 넣고 센 불에 3~5분간 끓인다.

솥과 불의 세기에 따라 끓는 시간이 다른데, 쌀이 물을 머금어 자작해지는 정도로 끓인다.

11 약불로 줄인 후 썰어둔 곤드레를 넓게 펴서 올리고, 그 위에 단호박도 올린다.

12 뚜껑을 닫고 약불로 10~12분간 밥을 지은 후 불을 끄고 5분간 뜸 들인다.

Day 4

단호박제육볶음 & 콩나물국(2인분)

Recipe
봄 3주 레시피

재료 단호박 1/2개, 대패 삼겹살 600g, 콩나물 100g, 대파 1대, 물 700ml, 육수팩 1개, 국간장 1/3순가락, 소금 조금

제육볶음 양념 설탕 2순가락, 진간장 2순가락, 고춧가루 2순가락, 고추장 2순가락, 다진 마늘 1순가락, 후춧가루 조금, 참기름 조금

How to make

콩나물국

1 냄비에 물 700ml를 붓고 육수팩 1개를 넣어 육수를 끓인다.

2 대파 1토막은 콩나물국용으로 송송 썰고, 나머지는 모두 길게 썬다.

3 육수가 우러나면 육수팩을 건져내고, 씻은 콩나물 100g을 넣어 끓인다.

뚜껑을 열고 끓여야 콩나물 비린내가 나지 않는다.

4 5분간 끓인 후 국간장 1/3숟가락을 넣어 간을 하고, 모자란 간은 소금으로 더한다.

간장으로만 간을 맞추면 국물 색이 탁해진다.

5 마지막에 송송 썬 대파를 넣는다.

단호박제육볶음

6 단호박 1/2개는 속을 파내고, 전자레인지 용기에 담아 약 5분간 익힌다.

먼저 3분간 돌려서 익은 정도를 확인한 후 추가로 1~2분 더 익힌다.

7 설탕 2숟가락, 진간장 2숟가락, 고춧가루 2숟가락, 고추장 2숟가락, 다진 마늘 1숟가락, 후춧가루 조금 섞어 양념장을 만든다.

8 웍에 대패 삼겹살 600g을 넣고 중불에 볶는다.

냉동 삼겹살은 구우면서 물기가 많이 생기니 키친타월로 닦아내면서 볶는다.

9 대패 삼겹살이 노릇하게 구워져 기름기가 나오면 양념장을 모두 넣고 볶는다.

볶은 고기를 맛보고 취향에 따라 고춧가루, 액젓, 올리고당을 추가해서 간을 맞춘다.

10 고기에 양념이 입혀지면 대파를 넣어 빠르게 볶다가 불을 끄고 참기름을 한 번 둘러서 살짝 섞는다.

11 익힌 단호박을 큼지막하게 자른다.

단맛이 적은 단호박은 꿀을 조금 뿌려도 좋다.

12 넓은 그릇에 단호박과 제육볶음을 함께 담는다.

Day 5

곤드레삼치조림(2인분)

Recipe
봄 3주 레시피

재료 손질 삼치(냉동) 450g, 삶은 곤드레 100g, 양파 1/2개, 고추 1개, 대파 1/4대
양념 설탕 2/3숟가락, 진간장 1.5숟가락, 고춧가루 2숟가락, 된장 1/2숟가락, 다진 마늘 1/2숟가락, 물 500ml, 육수팩 1개
냉동 삼치는 미리 해동해둔다.

How to make

1 물 500ml에 육수팩 1개를 넣어 냉침 육수를 만든다.

2 양파 1/2개는 굵게 채 썰고, 고추 1개, 대파 1/4대는 어슷썰기를 한다.

3 해동한 삼치는 지느러미를 떼어내고 양념이 잘 배도록 칼집을 낸 후 큼지막하게 썬다.

4 설탕 2/3숟가락, 진간장 1.5숟가락, 고춧가루 2숟가락, 된장 1/2숟가락, 다진 마늘 1/2숟가락을 섞어 양념장을 만든다.

5 삶은 곤드레 100g은 물기를 충분히 꽉 짜낸다.

6 냄비에 채 썬 양파를 먼저 깔고, 삼치와 곤드레를 올린 다음 양념장을 삼치 위에 골고루 올린다.

7 냉침한 육수 350ml를 부어 센 불에 5분간 끓인다.

8 뚜껑을 닫고 약불에 15분간 졸인다.
육수가 많이 졸아들면 바닥이 눌어붙지 않도록 남아 있는 육수나 물을 조금 추가한다.

9 어슷썰기한 대파, 고추를 넣어 한 번 더 바르르 끓인다.

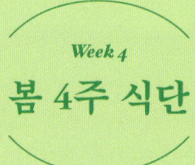

봄 4주 식단
Week 4

Day 01 삼겹살수육 & 무생채

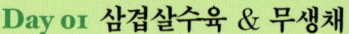 Day 02 동죽탕 & 칼국수

Day 03 닭안심카레

 Day 04 삼겹살김치찌개 & 전자레인지 달걀찜

Day 05 황태국밥

장바구니 목록

품 목	구입량	가격	사용된 레시피
수입 냉장 삼겹살 (수육용)	1kg	16,982원	삼겹살수육 삼겹살김치찌개
무	1개	1,990원	무생채 황태국밥
알배추	1개	4,490원	삼겹살수육(쌈) 동죽탕 닭안심카레
동죽	1봉지(600g)	6,350원	동죽탕
칼국수면	2인분(320g)	2,980원	칼국수
카레 가루	1봉지(100g)	3,515원	닭안심카레
닭 안심	300g	5,931원	닭안심카레
황태포	1마리(80g)	5,500원	황태국밥
		총 47,738원	

그 외 재료 : 양파, 대파, 고추, 김치, 달걀

Day 1

삼겹살수육 & 무생채(2인분)

Recipe
봄 4주 레시피

재료 삼겹살 수육용(냉장) 700g, 양파 1개, 대파 1대, 무 500g, 된장 2숟가락, 물 1L, 알배추 1/2개

무생채 양념 설탕 2숟가락, 고춧가루 3숟가락, 액젓(멸치) 2숟가락, 참기름 2숟가락, 통깨 조금, 소금 조금

How to make

[삼겹살수육]

1 수육용 삼겹살 700g을 준비한다.

2 양파 1개, 대파 1대를 큼직하게 썬다.

3 무 500g은 얇게 채 썬다.

4 큰 냄비에 물 1L를 넣고 끓으면 썰어 둔 양파, 대파, 삼겹살, 된장 2숟가락을 넣고 센 불에 10분간 끓인다.

5 뚜껑을 닫고 중약불에 30분간 삶는다.
수육 한가운데를 젓가락으로 찔러서 익었는지 확인하고, 덜 익었다면 5~10분 더 삶는다.

[무생채]

6 무채에 설탕 2숟가락을 버무려서 잠시 절인다. 절인 무에서 나온 물은 버린다.

7 절인 무채에 고춧가루 3숟가락을 버무려 색을 입힌다.

8 액젓(멸치) 2숟가락을 넣고 버무려서 일단 맛을 보고 모자란 간은 소금으로 더 한다.

9 참기름 2숟가락, 통깨 조금 넣어 살짝 버무린다.
다진 대파를 추가해도 좋다.

10 수육을 얇게 썰고 무생채와 함께 담아낸다. 알배추에 싸서 먹는다.

Day 2

동죽탕 & 칼국수 (2인분)

Recipe
봄 4주 레시피

재료 동죽 600g, 알배추 1/4개, 대파 1대, 칼국수면 2인분, 물 1L, 육수팩 1개, 소금 조금, 후춧가루 조금

칼국수 양념 대파 1토막, 청양고추 1개, 고춧가루 2숟가락, 진간장 2숟가락, 액젓(멸치) 1숟가락, 참기름 2숟가락, 통깨 조금

동죽은 깨끗이 씻은 후 소금물에 1시간 이상 해감한다.

How to make

1 동죽 600g은 해감해서 준비한다.

2 대파 1대는 길게 썰고, 알배추 1/4개는 먹기 좋은 크기로 썬다.

3 대파 1토막, 청양고추 1개는 잘게 다진다.

4 잘게 다진 대파, 청양고추, 고춧가루 2숟가락, 진간장 2숟가락, 액젓(멸치) 1숟가락, 참기름 2숟가락, 통깨 조금 섞어서 양념장을 만든다.

5 전골 냄비에 물 1L, 육수팩 1개, 동죽을 넣고 끓인다.

6 국물이 끓어오르면 육수팩과 거품을 건져내고, 썰어둔 대파와 알배추를 넣는다. 소금 간은 하지 않고 후춧가루만 조금 뿌린다.

7 동죽과 채소를 먼저 건져 먹고, 물과 소금을 조금 더 넣어서 끓인다.

8 물이 끓으면 칼국수면을 넣고 칼칼한 양념장과 곁들인다.

칼국수면의 가루를 한 번 털어서 넣으면 국물이 덜 걸쭉해진다.

Day 3

닭안심카레(2인분)

Recipe
봄 4주 레시피

재료 닭 안심 300g, 양파 1개, 알배추 1/4개, 카레 가루 70g, 식용유 2숟가락, 물 1L, 밥 2공기

How to make

1 닭 안심 300g을 준비한다.

2 양파 1개, 알배추 1/4개는 채 썬다.

3 냄비에 식용유 2숟가락을 두르고 채 썬 양파를 중약불에 볶는다.
양파가 갈색빛이 될 때까지 충분히 볶으면 풍미가 좋아진다.

4 닭 안심을 전부 넣고 볶는다.

5 닭 안심이 익으면 주걱으로 콕콕 찍어서 먹기 좋은 크기로 쪼갠다.

6 썰어둔 알배추를 전부 넣고 숨이 죽을 정도로만 살짝 볶는다.

7 물 1L를 넣고 중강불에 끓인다.

8 물이 끓으면 카레 가루 70g을 물에 개어 넣는다.
카레 농도는 취향에 맞게 조절한다.

9 조금 걸쭉해질 정도로 3~4분 더 졸인다.

Day 4

삼겹살김치찌개
& 전자레인지 달걀찜 (2인분)

Recipe
봄 4주 레시피

재료 삼겹살 300g, 익은 김치 400g, 대파 1/2대, 청양고추 1개, 달걀 2개
김치찌개 양념 물 550ml, 액젓(멸치) 1숟가락, 고춧가루 1/2숟가락, 식용유 1숟가락
달걀찜 양념 물 150ml, 소금 2꼬집, 다시다 2꼬집, 참기름 조금

How to make

삼겹살김치찌개

1 익은 김치 400g은 양념을 털어낸 후 적당한 크기로 썰고, 삼겹살 300g은 도톰하게 자른다.

2 달걀찜에 올릴 대파 조금은 잘게 다지고, 찌개용 나머지 대파와 청양고추 1개는 어슷썰기를 한다.

3 냄비에 식용유 1숟가락을 두르고 삼겹살을 중불에 볶는다.

4 삼겹살이 노릇해지면서 기름이 나오면 잘라둔 김치를 넣어 같이 볶는다.

푹 익은 김치는 설탕 1/2숟가락을 넣어 신맛을 잡는다.

5 물 400ml를 붓고, 액젓(멸치) 1숟가락, 고춧가루 1/2숟가락을 넣어서 끓인다.

6 뚜껑을 닫고 중약불에 5~10분간 끓인다.

7 김치가 부드러워지고 국물이 졸아들면 물을 약 150ml 더 넣어서 끓인다.

8 어슷썰기한 대파, 고추를 넣어 한 번 더 끓인다.

전자레인지 달걀찜

9 전자레인지 용기에 달걀 2개를 풀고 물 150ml를 붓는다.

용기 내부에 참기름을 바르면 달걀이 들러붙는 걸 방지할 수 있다.

10 소금 2꼬집, 다시다 2꼬집을 넣고 섞어서 간을 한다.

11 뚜껑이나 랩을 씌우고 김이 빠지도록 구멍을 송송 뚫어 전자레인지에 약 3분간 익힌다.

달걀의 양과 용기에 따라 익는 시간이 다르다. 3분간 돌린 후 젓가락으로 찔러서 묻어나지 않으면 속까지 익은 것이다.

12 참기름을 살짝 뿌리고, 잘게 다진 대파를 올린다.

Day 5

황태국밥(2인분)

Recipe
봄 4주 레시피

재료　황태 1마리(80g), 무 350g, 대파 1/4대, 달걀 2개, 쌀뜨물(또는 물) 1L
양념　참기름(들기름) 2숟가락, 국간장 1/2숟가락, 액젓(멸치) 1/2숟가락, 소금 1/3숟가락

How to make

1 황태 1마리는 물에 살짝 적셔 머리와 꼬리, 지느러미를 떼어내고 살만 찢는다.

황태포를 사용할 때는 불리기 전 기준으로 약 50g을 준비한다.

2 무 350g은 약 1cm 두께로 나박썰기를 한다.

3 쌀뜨물이나 물 1L를 준비한다.

4 대파 1/4대는 송송 썰고, 달걀 2개를 준비힌디.

5 냄비에 참기름(들기름) 2숟가락을 두르고 황태를 중약불에 볶는다.

6 황태의 물기가 없어질 정도로 볶고 나서 무를 넣어 함께 선다.

황태가 부서지지 않을 정도로 조금만 볶는다.

7 쌀뜨물 500ml, 국간장 1/2숟가락을 넣고 중불에 10분간 끓인다.

8 무가 투명해질 정도로 익으면 쌀뜨물 500ml를 더 넣고, 액젓(멸치) 1/2숟가락, 소금 1/3숟가락으로 간을 한 후 중약불에 10분 더 끓인다.

9 1인분씩 뚝배기에 덜어서 끓어오르면 달걀 1개, 송송 썬 대파를 넣는다.

Chapter 02

Summer

여름

여름 식단표

	Day 1	Day 2	Day 3	Day 4	Day 5	장보기 금액
1주	갈릭새우덮밥	애호박찌개	돈가스덮밥 (가츠동)	메밀간장국수 & 감자채전	닭다리살 채소구이 & 마늘볶음밥	50,111원
2주	미나리삼겹살 볶음 & 된장찌개	새우꽈리고추 파스타	버섯숙주덮밥	닭다리살 꽈리고추덮밥	얼큰미나리버섯 샤부샤부	51,828원

Meal plan

여름 식단표

	Day 1	Day 2	Day 3	Day 4	Day 5	장보기 금액
3주	불고기전골	햄볶음밥 & 달걀국	꽁치김치찌개	바지락솥밥	부대찌개	40,938원
4주	마늘등뼈찜	김치제육볶음 & 양배추쌈	훈제오리채소볶음 & 시금치된장국	어묵국수	비빔만두 & 어묵탕	43,512원

Week 1
여름 1주 식단

Day 01 갈릭새우덮밥

Day 02 애호박찌개

Day 03 돈가스덮밥(가츠동)

Day 04 메밀간장국수 & 감자채전

Day 05 닭다리살채소구이 & 마늘볶음밥

장바구니 목록

품목	구입량	가격	사용된 레시피
냉동 새우	200g	7,450원	갈릭새우덮밥
샐러드 믹스	1팩(100g)	1,980원	갈릭새우덮밥
애호박	1개	3,990원	애호박찌개
돼지고기 앞다리살 찌개용	300g	6,390원	애호박찌개
느타리버섯	200g	1,790원	애호박찌개 닭다리살채소구이
냉동 치즈 돈가스	1봉지	9,480원	돈가스덮밥
메밀국수면	1봉지(450g)	3,240원	메밀간장국수
감자	1kg	6,590원	감자채전 닭다리살채소구이
닭다리살	500g	9,201원	닭다리살채소구이
		총 50,111원	

그 외 재료 : 양파, 대파, 고추, 마늘, 달걀, 무염 버터, 들기름(참기름), 고명용 조미김

Day 1

갈릭새우덮밥(2인분)

Recipe
여름 1주 레시피

재료 냉동 새우살 200g(약 15마리), 마늘 10개, 샐러드 믹스 100g, 밥 2공기
양념 식용유 2숟가락, 무염 버터 15g, 액젓(멸치) 1숟가락, 소금 1꼬집, 후춧가루 1꼬집
샐러드 드레싱 올리브유 20ml, 레몬즙 10ml, 소금 1꼬집, 후춧가루 1꼬집

How to make

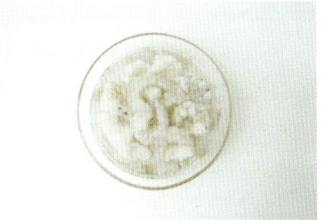

1 냉동 새우 200g은 여러 번 헹군 후 찬물에 담가 해동한다.

2 마늘 10개는 식감을 살리도록 굵게 다지고, 풍미를 더해줄 버터도 준비한다.
버터는 생략해도 된다.

3 팬에 식용유 2숟가락을 두른 후 버터 15g, 다진 마늘을 넣고 중약불에 향을 내며 볶는다.

4 마늘이 타기 전에 물기를 제거한 새우를 넣고, 소금 1꼬집과 후춧가루 1꼬집을 뿌려서 굽는다.

5 새우가 익으면 액젓(멸치) 1숟가락을 넣어 감칠맛을 더한다.

6 골고루 섞어가며 빠르게 볶는다.

7 올리브유 20ml, 레몬즙 10ml, 소금 1꼬집, 후춧가루 1꼬집을 섞어서 드레싱을 만든다.

8 접시에 밥과 샐러드 믹스를 올리고 드레싱을 뿌린 후, 노릇하게 튀긴 갈릭 새우를 올린다.
마늘과 새우를 구운 기름까지 뿌리면 풍미가 더 좋다.

Day 2

애호박찌개 (2인분)

Recipe
여름 1주 레시피

재료 돼지고기 앞다리살 300g, 애호박 1개, 느타리버섯 100g, 청양고추 2개
양념 식용유 2숟가락, 고춧가루 2숟가락, 고추장 1/2숟가락, 물 400ml, 국간장 1숟가락, 액젓(멸치) 2숟가락, 후춧가루 조금

How to make

1 돼지고기 앞다리살 300g은 먹기 좋게 자른다.

2 애호박 1개는 굵게 채 썬다.

3 느타리버섯 100g은 손으로 가늘게 찢고, 청양고추 2개는 송송 썬다.

4 냄비에 식용유 2숟가락을 두르고 썰어둔 돼지고기 앞다리살을 전부 넣어 중불에 볶는다.

5 고기 겉면이 익고 기름이 나오기 시작하면 고춧가루 2숟가락을 넣어서 볶는다.

고춧가루가 타지 않도록 불이 너무 세면 약불로 줄여서 볶는다.

6 빨갛게 볶아지면 고추장 1/2숟가락을 넣고 한 번 더 볶는다.

7 물 400ml를 넣고, 국간장 1숟가락, 액젓(멸치) 2숟가락으로 간을 한 후, 센불에 5분, 뚜껑을 닫고 약불에 10분간 푹 끓인다.

8 채 썬 애호박, 느타리버섯, 송송 썬 청양고추를 넣고 5분간 더 끓인다.

9 취향에 따라 후춧가루를 뿌린다.

Day 3

돈가스덮밥(가츠동, 2인분)

Recipe
여름 1주 레시피

재료 냉동 돈가스 1봉지, 양파 1개, 달걀 2개, 고명용 대파 조금, 식용유 1순가락, 밥 2공기
소스 물 200ml, 진간장 2순가락, 맛술 2순가락, 설탕 1순가락

How to make

1 냉동 돈가스 1봉지는 에어프라이어에 굽거나 팬에 튀긴다.

2 물 200ml, 진간장 2숟가락, 맛술 2숟가락, 설탕 1숟가락을 섞어 소스를 만든다.

돈가스를 튀기는 데 10분 내외 소요되므로 재료를 모두 준비한 후에 튀기면 따뜻하게 먹을 수 있다.

3 양파 1개는 채 썰고, 고명용 대파는 얇게 송송 썬다.

4 달걀 2개를 풀어둔다.

5 팬에 식용유 1숟가락을 두르고 양파를 넣어 중불에 볶는다.

6 양파가 투명하게 익으면 불을 줄이고 소스를 붓는다.

소스를 부을 때 튈 수 있으니 주의한다.

7 양파와 소스가 끓으면 달걀물을 붓고 달걀을 익힌다.

달걀을 휘젓지 말고 한두 번 젓거나 뚜껑을 덮고 익힌다.

8 튀긴 돈가스를 썬다.

9 밥 위에 달걀 양파 소스를 붓고 돈가스를 올린 뒤 송송 썬 대파를 뿌린다.

Day 4

메밀간장국수 &
감자채전 (2인분)

Recipe
여름 1주 레시피

재료 감자 500g, 메밀국수면 2인분(300g), 고명용 조미김, 삶은 달걀, 통깨 조금
양념 소금 2꼬집, 진간장 3숟가락, 설탕 1/3숟가락, 들기름(또는 참기름) 조금

How to make

감자채전

1 감자 500g은 껍질을 벗기고 얇게 채 썬다.

2 채 썬 감자에 소금 2꼬집을 넣고 버무린다.

3 감자채에 물기가 생기면 꼭 짜낸다.
햄이나 맛살, 당근 등을 조금 썰어서 넣어도 좋다.

4 팬에 식용유를 넉넉히 두르고 중불에 예열한 후 감자채를 모두 올리고 중약불로 부친다.

5 양쪽 면을 노릇하게 튀기듯이 굽는다.
치즈를 올려서 먹으면 더욱 맛있다.

메밀간장국수

6 메밀국수면은 밀가루를 한 번 털어낸다.

7 물이 끓으면 메밀국수면을 넣고 약 5분간 삶는다. 면이 달라붙지 않도록 한 번씩 저어준다.

8 면이 익으면 찬물에 여러 번 헹구고 물기를 뺀다.

9 볼에 차가운 면을 담고, 진간장 3숟가락, 설탕 1/3숟가락, 들기름을 듬뿍 넣고 비빈다.
들기름이 없다면 참기름으로 대체해도 좋다.

10 조미김을 부숴 넣고, 삶은 달걀, 통깨 등을 올린다.

Day 5

닭다리살채소구이 &
마늘볶음밥(2인분)

Recipe
여름 1주 레시피

재료 닭다리살 500g, 감자 500g, 느타리버섯 100g, 양파 1/2개, 마늘 10개, 달걀 1개, 밥 1공기

양념 올리브유 3숟가락, 소금 5꼬집, 후춧가루 조금, 식용유 2숟가락, 액젓(멸치) 1숟가락

How to make

닭다리살채소구이

1 채소구이에 들어갈 감자 500g, 느타리버섯 100g, 양파 1/2개를 큼지막하게 썬다.
감자는 너무 크면 덜 익을 수 있으니 알감자 크기가 적당하다.

2 닭다리살 500g에 소금 2꼬집, 후춧가루 조금, 올리브유 1숟가락을 넣고 버무린다.

3 채소도 소금 3꼬집, 후춧가루 조금, 올리브유 2숟가락을 넣고 버무린다.
파슬리, 로즈마리 등 허브를 같이 넣어도 좋다.

마늘볶음밥

4 에어프라이어 바스켓에 채소를 먼저 깔고 닭다리살을 올린다. 160도에서 15분간 구운 뒤, 닭고기를 뒤집어 170도에서 10분간 굽는다.
15분 구운 뒤에 익은 정도에 따라 시간을 조절한다. 채소가 덜 익었다면 닭고기를 먼저 꺼내고 채소를 좀 더 굽는다.

5 노릇하게 구운 닭고기와 채소를 그릇에 담는다.
에어프라이어에 굽는 동안 마늘볶음밥을 만들면 시간이 딱 맞다.

6 볶음밥용 마늘 10개는 편을 썬다.

7 팬에 식용유 2숟가락을 두르고, 편 썬 마늘을 중불에 볶는다.

8 마늘 가장자리가 노릇해지기 시작하면 한쪽으로 밀어놓고, 달걀 1개를 깨뜨려 스크램블을 만든다.

9 밥 1공기를 넣고 중약불에 골고루 섞는다.

10 액젓(멸치) 1숟가락을 가장자리로 둘러서 간을 한다.

11 취향에 따라 후춧가루를 뿌린다.

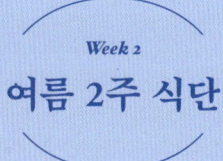

Week 2
여름 2주 식단

Day 01 미나리삼겹살볶음 & 된장찌개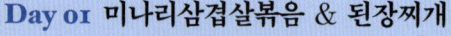

 **Day 02** 새우꽈리고추파스타

Day 03 버섯숙주덮밥

 **Day 04** 닭다리살꽈리고추덮밥

Day 05 얼큰미나리버섯샤부샤부

장바구니 목록

품 목	구입량	가격	사용된 레시피
무항생제 돼지 삼겹살	300g	10,137원	미나리삼겹살볶음
미나리	250g	5,290원	미나리삼겹살볶음 얼큰미나리버섯샤부샤부
냉동 새우	200g	7,140원	새우꽈리고추파스타
꽈리고추	100g	2,990원	새우꽈리고추파스타 닭다리살꽈리고추덮밥
새송이버섯	400g	2,390원	버섯숙주덮밥
숙주	380g	1,490원	버섯숙주덮밥
느타리버섯	200g	1,290원	얼큰미나리버섯샤부샤부
무항생제 닭다리살	500g	9,201원	닭다리살꽈리고추덮밥
한우(냉동) 샤부샤부용	300g	11,900원	얼큰미나리버섯샤부샤부
		총 51,828원	

그 외 재료 : 대파, 고추, 마늘, 무, 감자전분, 파스타면, 달걀

Day 1

미나리삼겹살볶음 &
된장찌개 (2인분)

Recipe
여름 2주 레시피

재료 돼지 삼겹살 300g, 미나리 100g, 무 100g, 대파 1/2대, 청양고추 1개, 식초 조금
양념 물 400ml, 육수팩 1개, 된장 1숟가락, 고춧가루 1/2숟가락, 소금 조금, 후춧가루 조금

How to make

된장찌개

1 냄비에 물 400ml를 붓고 육수팩 1개를 넣어 끓인다.

2 무 100g은 나박썰기를 하고, 대파 1/2대, 청양고추 1개는 송송 썬다.
무가 없다면 양파나 다른 채소로 대체한다.

미나리삼겹살볶음

3 미나리 100g은 식초를 조금 섞은 물에 5분 정도 담가두었다가 헹군 후 먹기 좋게 5등분한다.
미나리 250g 중 나머지는 5일 차 식단에 사용한다.

된장찌개

4 육수가 우러나면 육수팩은 건져내고 된장 1숟가락을 풀어준다.

5 나박썰기한 무, 송송 썬 대파, 청양고추, 미나리를 전부 넣고 중불에 3분간 끓인다

6 뚜껑을 닫고 약불에 5분 더 끓인다.

미나리삼겹살볶음

7 고춧가루 1/2숟가락을 넣고 한 번 더 끓인다.

8 삼겹살 300g은 소금, 후춧가루를 조금 뿌려 노릇하게 구워 먹기 좋게 자른다.
돼지고기 기름은 키친타월로 적당히 제거한다.

9 구운 삼겹살에 미나리를 넣고 빠르게 섞는다.

10 미나리가 숨이 죽으면 바로 불을 끄고 그릇에 담는다.

Day 2

새우꽈리고추파스타 (2인분)

Recipe
여름 2주 레시피

재료 냉동 새우 200g, 파스타면 2인분(200g), 마늘 15개, 꽈리고추 30g
양념 물 1.5L, 소금 1/2숟가락, 올리브유 5숟가락, 소금 조금, 후춧가루 조금, 액젓(멸치) 2숟가락

How to make

1 냉동 새우 200g은 여러 번 헹구고 찬 물에 담가 해동한다.

2 마늘 15개는 편 썰고, 꽈리고추 30g은 2등분한다.

3 냄비에 물 1.5L를 붓고 끓으면 소금 1/2숟가락과 파스타면을 넣어 약 7분간 삶는다.
면 종류에 따라 삶는 시간은 조절한다.

4 팬에 올리브유 5숟가락을 두르고 편 썬 마늘을 중불에 볶는다.

5 마늘 가장자리가 노릇해지기 시작하면 물기를 제거한 새우를 넣고 소금, 후 춧가루를 뿌려서 볶는다.
기름이 튀지 않도록 새우의 물기를 꼭 제거한다.

6 새우가 익으면 삶은 파스타면, 면수 한 국자를 넣어 골고루 섞는다.

7 썰어놓은 꽈리고추와 액젓(멸치) 2숟가락을 넣고 살짝 섞어 감칠맛을 더한다.

8 불을 끄고 그릇에 담는다.

Day 3

버섯숙주덮밥(2인분)

Recipe
여름 2주 레시피

재료 새송이버섯 400g, 숙주 1봉지(380g), 청양고추 2개, 밥 2공기

양념 전분물(감자전분 3숟가락, 물 6숟가락), 진간장 3숟가락, 굴소스 1.5숟가락, 식용유 3숟가락, 다진 마늘 1.5숟가락, 물 400ml, 소금 조금, 후춧가루 조금, 참기름 1숟가락

How to make

1 새송이버섯 400g은 동그랗게 썰고, 청양고추 2개는 얇게 송송 썬다.

2 숙주 1봉지도 씻어서 준비한다.

3 감자전분 3숟가락과 물 6숟가락을 섞어 전분물을 만든다.

4 웍에 식용유 3숟가락을 두르고 다진 마늘 1.5숟가락을 약불에 향을 내면서 볶는다.

5 마늘 향이 올라오면 동그랗게 썬 새송이버섯을 전부 넣고 소금 1꼬집을 뿌려 중불에 볶는다.

버섯이 탈 것 같으면 물을 1숟가락 넣어서 볶는다.

6 새송이버섯이 흐물해지면 송송 썬 청양고추와 진간장 3숟가락, 굴소스 1.5숟가락을 넣고 볶는다.

7 물 400ml를 붓고 중불에 끓인다.

8 국물이 끓어오르면 전분물을 조금씩 넣어 농도를 맞춘다.

전분물을 넣고 바로 저어야 뭉치지 않는다. 전분물을 넣기 전에 간을 보고 모자라면 간장이나 굴소스를 더해서 간을 맞춘다. 조금 짭짤해야 숙주가 들어가고 밥과 함께 먹었을 때 간이 맞는다.

9 숙주를 넣고 센 불에 짧게 볶는다.

10 불을 끈 후 후춧가루 조금, 참기름 1숟가락을 넣고 살짝 섞는다. 밥 위에 버섯숙주볶음을 올린다.

Day 4

닭다리살꽈리고추덮밥 (2인분)

Recipe
여름 2주 레시피

재료 닭다리살 500g, 꽈리고추 70g, 대파 1/4대, 밥 2공기
소스 물 150ml, 진간장 3숟가락, 맛술 2숟가락, 설탕 1.5숟가락
양념 소금 조금, 후춧가루 조금, 올리고당 1숟가락

How to make

1 닭다리살 500g은 소금, 후춧가루를 뿌려서 밑간을 한다.

2 꽈리고추 70g은 2등분하고, 대파 1/4대는 길게 썬다.

3 물 150ml, 진간장 3숟가락, 맛술 2숟가락, 설탕 1.5숟가락을 섞어 소스를 만든다.

4 팬을 중불로 예열한 후 닭다리살을 껍질 부위부터 올려서 굽는다. 껍질이 노릇해지면 뒤집어서 마저 굽는다.

5 닭고기가 70% 정도 익었을 때 먹기 좋은 크기로 자른다.

6 팬의 기름을 닦아낸 후 소스를 모두 붓고 1~2분간 조린다.

7 썰어둔 꽈리고추와 대파를 넣고 중강불에 빠르게 볶는다.

8 후춧가루를 조금 뿌리고 올리고당 1숟가락을 넣어 단맛과 윤기를 더한다.

9 밥 위에 닭다리살 꽈리고추 볶음을 올린다.

달걀노른자, 달걀 프라이 등을 곁들이면 더욱 맛있다.

Day 5

얼큰미나리버섯샤부샤부 (2인분)

Recipe
여름 2주 레시피

재료 소고기 샤부샤부용(냉동) 300g, 미나리 150g, 느타리버섯 200g, 밥 1공기,
달걀 1개, 물 1.2L, 육수팩 1개

양념 고추장 2숟가락, 된장 1/3숟가락, 진간장 1숟가락, 참치액 1숟가락,
고춧가루 2.5숟가락, 미원 1/4숟가락, 후춧가루 조금, 다진 마늘 1숟가락

How to make

1 1일 차에 손질해둔 미나리 150g을 사용한다.

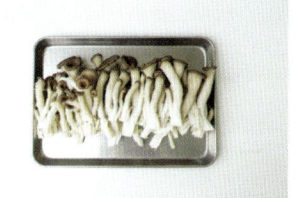

2 느타리버섯 200g은 먹기 좋게 찢는다.

3 볼에 밥 1공기와 미나리, 달걀 1개를 담아 죽 재료를 준비한다.

미나리를 조금 덜어내서 송송 썰어 볶음밥에 넣어도 좋다.

4 고추장 2숟가락, 된장 1/3숟가락, 진간장 1숟가락, 참치액 1숟가락, 고춧가루 2.5숟가락, 미원 1/4숟가락, 후춧가루 조금, 다진 마늘 1숟가락을 섞어 양념장을 만든다.

5 샤부샤부용 냉동 소고기는 먹기 직전에 꺼낸다.

6 냄비에 물 1.2L를 붓고 육수팩 1개를 넣어 끓인다.

7 육수가 끓으면 육수팩은 건져내고, 양념장을 전부 넣어 풀어준다.

8 소고기, 미나리, 느타리버섯을 넣어서 익혀 먹는다.

9 국물을 조금 남겨두고 죽 재료를 넣어서 끓인다.

Week 3
여름 3주 식단

Day 01 불고기전골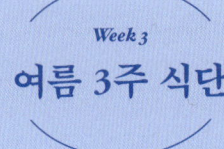

 Day 02 햄볶음밥 & 달걀국

Day 03 꽁치김치찌개

 Day 04 바지락솥밥

Day 05 부대찌개

장바구니 목록

품목	구입량	가격	사용된 레시피
불고기용 소고기(한우)	300g	11,900원	불고기전골
중화면	1봉지(450g)	2,900원	불고기전골
두부	500g	3,200원	불고기전골 부대찌개
팽이버섯	2봉지	1,190원	불고기전골 꽁치김치찌개 부대찌개
프랑크 소시지	1팩(5개)	3,580원	햄볶음밥 부대찌개
베이컨	200g	3,638원	햄볶음밥 부대찌개
꽁치 통조림	1캔(300g)	4,480원	꽁치김치찌개
냉동 삶은 바지락살	1봉지(260g)	6,250원	바지락솥밥
통조림 햄	1캔(200g)	3,800원	부대찌개
		총 40,938원	

그 외 재료 : 대파, 고추, 양파, 달걀, 김치, 당근(생략 가능)

* 중화면은 불고기 전골 사리용으로만 사용했습니다. 당면, 우동면 등으로 대체할 수 있습니다.

Day 1

불고기전골(2인분)

Recipe
여름 3주 레시피

재료	소고기 불고기용 300g, 양파 1/2개, 대파 1/2대, 두부 1/2모(250g), 팽이버섯 1개, 당근 조금, 면사리(중화면, 당면, 우동면 등) 떡, 만두, 배추 등 냉장고에 있는 재료들을 활용하면 더욱 좋다.
불고기 양념	다진 마늘 1숟가락, 진간장 3숟가락, 맛술 2숟가락, 설탕 1숟가락, 참기름 1숟가락, 후춧가루 조금
육수 재료	물 1L, 육수팩 1개, 진간장 2숟가락

How to make

1 물 1L에 육수팩을 넣어 육수를 우린다.

2 불고기용 소고기는 핏물을 키친타월로 닦아내고 다진 마늘 1숟가락, 진간장 3숟가락, 맛술 2숟가락, 설탕 1숟가락, 참기름 1숟가락, 후춧가루 조금 넣어 골고루 버무려서 재워둔다.

3 양파 1/2개, 대파 1/2대, 팽이버섯 1개, 당근 조금은 길고 굵게 채 썬다.

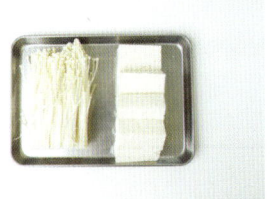

4 두부 1/2모는 넓적하고 두툼하게 썬다.
냉장고 속 자투리 채소와 떡, 만두 등을 추가하면 더욱 푸짐하다.

5 중화면이나 우동면은 데치다
중화면이나 우동면은 데치고 당면은 미리 물에 담가 불린다.

6 육수가 우러나면 육수팩을 건져내고 진간장 2숟가락을 넣어 간을 한다.

7 넓은 냄비에 모든 재료들을 올리고, 육수를 자작하게 부어서 끓인다.
불린 당면은 처음부터 넣고, 우동과 같이 완전히 삶은 면은 육수가 끓었을 때 넣는다. 국물이 부족하면 육수를 더 붓고, 간이 부족하면 진간장으로 간을 맞춘다.

Day 2

햄볶음밥 & 달걀국 (2인분)

Recipe
여름 3주 레시피

재료 밥 2공기, 프랑크 소시지 2개, 베이컨 5줄(100g), 대파 1/2대, 달걀 2개, 물 700ml, 육수팩 1개

양념 식용유 2순가락, 진간장 1순가락, 참치액 1/2순가락, 후춧가루 조금

How to make

[햄볶음밥]

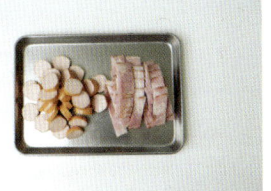

1 프랑크 소시지 2개와 베이컨 5줄 (100g)은 먹기 좋은 크기로 썬다.

2 대파 1/2대는 잘게 다진다.

[달걀국]

3 냄비에 물 700ml를 붓고 육수팩 1개를 넣어 끓인다. 육수가 우러나면 육수팩은 건져내고, 참치액 1/2숟가락을 넣어 간을 한다.

4 약불로 줄인 후 달걀 2개를 풀어서 천천히 붓는다.
달걀은 휘젓지 않고 그대로 익혀야 모양이 뭉그러지지 않는다.

5 다진 대파를 올리고, 후춧가루를 뿌린다.

[햄볶음밥]

6 팬에 식용유 2숟가락을 두르고 대파를 중불에 볶는다.

7 썰어둔 소시지와 베이컨을 넣어 노릇하게 볶는다.

8 밥 2공기를 넣고 약불로 줄여 골고루 섞는다.

9 진간장 1숟가락을 넣어 간을 맞추고 취향에 따라 후춧가루를 뿌린다.

Day 3

꽁치김치찌개(2인분)

Recipe
여름 3주 레시피

재료 꽁치 통조림 1캔(300g), 익은 김치 1/4포기, 양파 1/4개, 팽이버섯 1/2개, 청양고추 1개
양념 참기름 1숟가락, 물 300ml, 국간장 1숟가락, 고춧가루 1/2숟가락

How to make

1 꽁치 통조림 1캔의 물은 절반만 사용하고 나머지는 버린다.

2 익은 김치 1/4포기는 큼직하게 썬다.

3 양파 1/4개는 채 썰고, 팽이버섯 1/2개는 적당히 찢고, 청양고추 1개는 어슷썰기를 한다.

4 냄비에 참기름 1숟가락을 두르고 김치를 중불에 볶는다.

많이 신 김치는 설탕을 조금 넣어 신맛을 잡아준다.

5 냄비에 꽁치, 물 300ml, 국간장 1숟가락을 넣고 중불에 10분간 끓인다.

6 김치가 부드럽게 익으면 고춧가루 1/2숟가락과 썰어둔 양파, 팽이버섯, 청양고추를 넣어 바르르 끓인다.

7 물이 많이 졸아들면 조금 더 넣어서 충분히 끓인다.

Day 4

바지락솥밥(2인분)

Recipe
여름 3주 레시피

재료 쌀 2컵, 물 2컵, 냉동 삶은 바지락살 260g, 대파 흰 부분 1토막, 참기름 1숟가락
양념장 고춧가루 1/2숟가락, 진간장 2숟가락, 참기름 2숟가락, 올리고당 1숟가락, 물 1숟가락, 통깨 조금

1컵=180ml

How to make

1 냉동 삶은 바지락살 260g을 물에 담가 해동한다.

2 쌀 2컵을 씻어서 물을 붓고 30분 이상 불린다.

3 대파 흰 부분 1토막을 잘게 다진다.

4 잘게 썬 대파, 고춧가루 1/2숟가락, 진간장 2숟가락, 참기름 2숟가락, 올리고당 1숟가락, 물 1숟가락, 통깨 조금 섞어서 양념장을 만든다.

5 솥에 불린 쌀, 참기름 1숟가락을 넣고 중불에 볶는다.

6 수분을 날리듯 쌀을 볶다가 물 2컵을 넣어 중강불에 끓인다.

7 3~5분간 끓여서 물이 졸아들면 해동한 바지락살을 전부 넣는다.

8 뚜껑을 닫고 약불에 10분, 불을 끄고 5분간 뜸을 들인다.

냉이, 달래, 미나리, 쪽파 등을 잘게 썰어 뜸 들일 때 넣으면 향이 좋다.

9 양념장을 넣어서 골고루 비벼 먹는다.

Day 5

부대찌개(2인분)

Recipe
여름 3주 레시피

재료 통조림 햄 200g, 프랑크 소시지 3개, 베이컨 5줄(100g), 두부 1/2모(250g), 김치 100g, 양파 1/2개, 대파 1/2대, 팽이버섯 1/2개, 물 700ml
만두, 라면 사리, 떡, 베이크드 빈, 다짐육 등 좋아하는 재료를 넣으면 더욱 맛있게 먹을 수 있다.

양념장 된장 1/3순가락, 다진 마늘 1순가락, 진간장 1순가락, 맛술 1순가락, 고춧가루 2순가락, 후춧가루 조금

How to make

1 통조림 햄 200g, 프랑크 소시지 3개, 베이컨 5줄(100g)을 먹기 좋은 크기로 썬다.

2 양파 1/2개는 채 썰고, 대파 1/2대는 길게 썰고, 팽이버섯 1/2개는 적당한 두께로 찢는다.

3 두부 1/2모는 도톰하고 넓적하게 썰고, 김치 100g은 잘게 썬다.

4 된장 1/3숟가락, 다진 마늘 1숟가락, 진간장 1숟가락, 맛술 1숟가락, 고춧가루 2숟가락, 후춧가루 조금 섞어 양념장을 만든다.

5 냄비 바닥에 채 썬 양파를 깔고 햄, 팽이버섯, 두부, 김치를 가지런히 올린다. 양념장도 전부 넣는다.

6 물 700ml를 붓고 중불에 10분간 끓이다가 마지막에 대파를 넣는다.

사골육수를 넣으면 더욱 진한 부대찌개를 먹을 수 있다. 취향에 따라 라면 사리, 치즈를 더하면 더욱 맛있다.

Week 4
여름 4주 식단

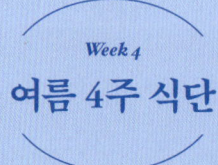

Day 01 마늘등뼈찜

Day 02 김치제육볶음 & 양배추쌈

Day 03 훈제오리채소볶음 & 시금치된장국

Day 04 어묵국수

Day 05 비빔만두 & 어묵탕

장바구니 목록

품 목	구입량	가격	사용된 레시피
돼지 등뼈	1.2kg	7,300원	마늘등뼈찜
돼지고기 앞다리살 제육용	600g	8,991원	김치제육볶음
양배추	500g	2,990원	훈제오리채소볶음 양배추쌈 비빔만두
훈제오리	300g	8,400원	훈제오리채소볶음
숙주	200g	1,490원	훈제오리채소볶음
부추	100g	2,590원	훈제오리채소볶음 어묵국수
시금치	200g	2,990원	훈제오리채소볶음 시금치된장국
사각어묵	1봉지(350g)	3,200원	어묵국수 어묵탕
냉동 고기만두	1봉지(400g)	5,561원	비빔만두
		총 43,512원	

그 외 재료 : 대파, 고추, 양파, 달걀, 김치, 소면

Day 1

마늘등뼈찜(2인분)

Recipe
여름 4주 레시피

재료 돼지 등뼈 1.2kg, 다진 마늘 3~4숟가락, 청양고추 3개, 물 2L, 소금 1/2숟가락
양념장 설탕 1숟가락, 고춧가루 5숟가락, 진간장 2숟가락, 멸치액젓 1숟가락, 맛술 2숟가락, 다시다 1/3숟가락

How to make

1 돼지 등뼈 1.2kg은 찬물에 1시간 이상 담가 해동하면서 핏물을 뺀다.
시간 여유가 없다면 끓는 물에 삶기만 해도 된다.

2 돼지 등뼈를 끓는 물에 10분간 삶아 이물질을 제거한다.

3 삶은 돼지 등뼈를 건져내 찬물로 씻어서 불순물을 제거한다.

4 설탕 1숟가락, 고춧가루 5숟가락, 진간장 2숟가락, 멸치액젓 1숟가락, 맛술 2숟가락, 다시다 1/3숟가락을 섞어 양념장을 만든다.

5 압력솥(냄비)에 등뼈, 물 1.5L, 소금 1/2숟가락을 넣고 삶는다. 압력이 차오르면 **약불**에 25분간 **끓인** 후 불을 끄고 10분간 뜸을 들인다.
냄비에 삶을 경우 뚜껑을 닫고 중불에 10분간 끓인 후 약불에 약 50분간 끓인다.
고기가 완전히 익을 때까지 충분히 끓인다.

6 고기가 푹 익으면 냄비에 삶은 등뼈, 물 500ml, 양념장 전부를 넣고 중불에 10분간 끓인다.

7 다진 마늘 3~4숟가락, 청양고추 3개를 송송 썰어서 넣고 골고루 뒤적인다.

8 마늘등뼈찜을 넓은 그릇에 담아낸다.

Day 2

김치제육볶음
& 양배추쌈(2인분)

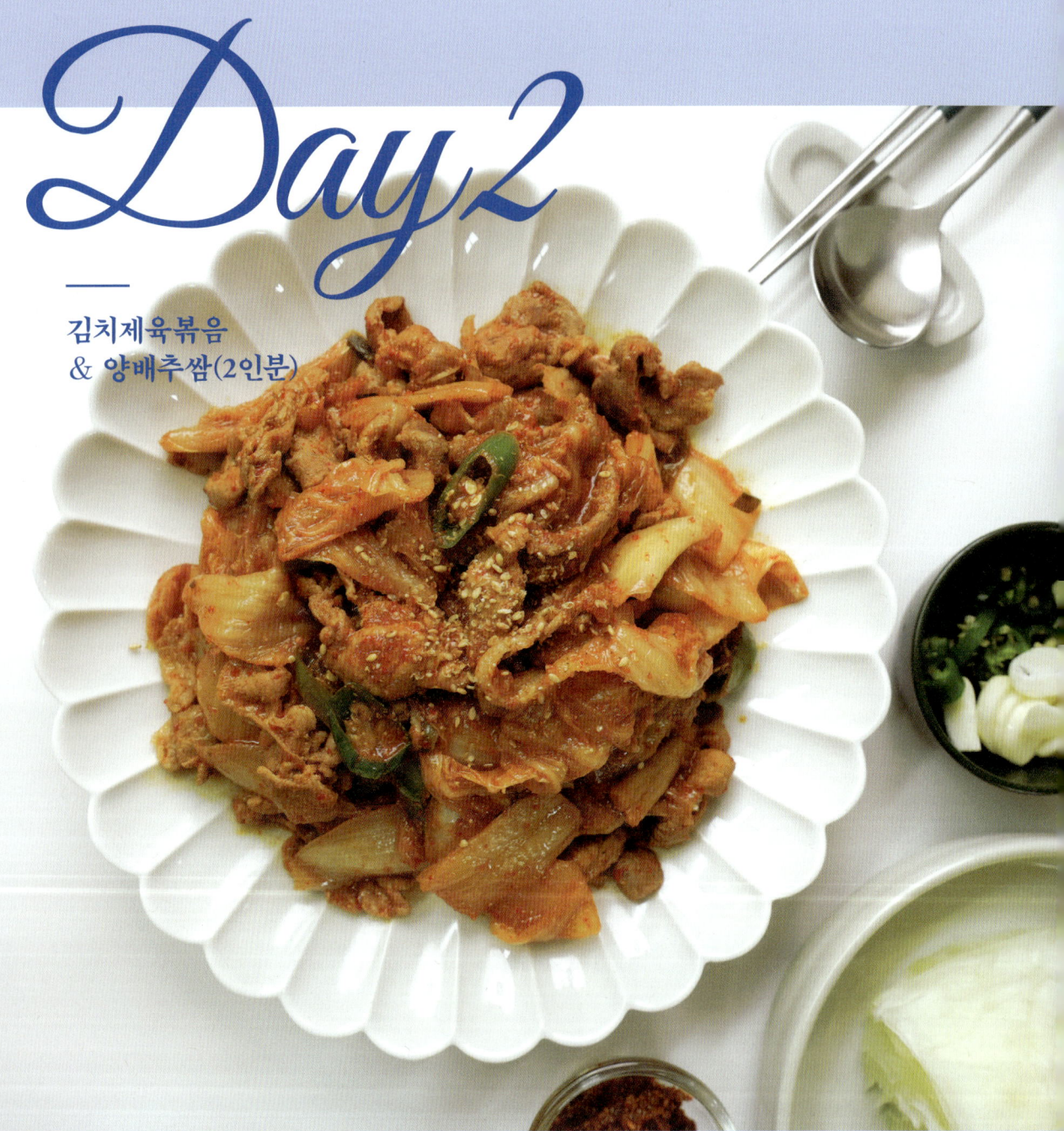

Recipe
여름 4주 레시피

재료 돼지고기 앞다리살 제육용 600g, 익은 김치 350g, 양파 1/2개, 청양고추 2개, 양배추 200g, 식용유 1숟가락

양념 설탕 1숟가락, 진간장 2숟가락, 참치액 1숟가락, 고추장 1숟가락, 고춧가루 1.5숟가락

How to make

양배추쌈

1 양배추 200g을 썰어서 전자레인지용 그릇에 담고 물을 조금 넣어서 전자레인지에 5분간 익힌다.
젓가락으로 찔러서 익었는지 확인하고 시간을 조절한다.

김치제육볶음

2 제육용 돼지고기 앞다리살 600g을 떼어내서 준비한다.

3 양파 1/2개는 굵게 채 썰고, 청양고추 2개는 어슷썰기를 한다.

4 익은 김치 350g은 양념을 한 번 털어내고 큼식하게 썬다.

5 웍에 식용유 1숟가락을 두르고 중불로 예열한 후 돼지고기와 설탕 1숟가락을 넣고 볶는다.

6 고기가 충분히 익으면 김치를 넣어 같이 볶는다.

7 진간장 2숟가락, 참치액 1숟가락, 고추장 1숟가락, 고춧가루 1.5숟가락을 넣어서 간을 하고 한 번 더 볶는다.

8 김치가 부드럽게 익으면 채 썬 양파, 어슷 썬 청양고추를 넣고 빠르게 볶는다.
양파의 식감을 살릴 정도만 볶는다.

9 촉촉하게 볶아서 삶은 양배추에 쌈을 싸서 먹는다.

Day 3

훈제오리채소볶음
& 시금치된장국 (2인분)

Recipe
여름 4주 레시피

재료 훈제오리 300g, 양배추 200g, 대파 1/2대, 숙주 200g, 시금치 200g, 부추 60g, 물 1L, 육수팩 1개

양념 된장 1숟가락, 참치액 1/2숟가락, 식용유 1숟가락, 다진 마늘 1숟가락, 진간장 1숟가락, 액젓(멸치) 1숟가락

How to make

시금치된장국

1 시금치 200g은 뿌리를 잘라내고 깨끗이 씻는다.

2 부추 60g은 길게 썬다.

3 양배추 200g, 대파 1/2대는 큼직하게 썬다.

4 냄비에 물 1L를 붓고 육수팩 1개를 넣어 끓인다.

5 육수가 우러나면 육수팩은 건져내고 된장 1숟가락을 푼다.

6 손질한 시금치의 절반을 넣는다.

7 참치액 1/2숟가락을 넣어 5분간 끓인다.

훈제오리채소볶음

8 훈제오리 300g을 준비한다.

9 웍에 식용유 1숟가락을 두르고 다진 마늘 1숟가락을 볶다가 훈제오리를 전부 넣고 중불에 볶는다.

10 오리고기 기름이 나오면 양배추를 넣고 먼저 볶다가 대파를 넣어 같이 볶는다.

11 진간장 1숟가락, 액젓(멸치) 1숟가락을 넣고 간을 한다.

12 씻어놓은 숙주 200g, 남은 시금치를 넣고 숨이 죽을 정도만 빠르게 볶은 후 불을 끄고 부추를 넣어서 골고루 섞는다.

Day 4

어묵국수(2인분)

Recipe
여름 4주 레시피

재료 사각어묵 3장, 양파 1/4개, 부추 40g, 소면 2인분, 달걀 2개, 대파 1토막, 청양고추 1개, 물 1.5L, 육수팩 2개, 국간장 1/2숟가락, 소금 조금, 후춧가루 조금

양념장 고춧가루 1.5숟가락, 진간장 2숟가락, 액젓(멸치) 1숟가락, 참기름 2숟가락, 통깨 조금

How to make

1 냄비에 물 1.5L를 붓고 육수팩 2개를 넣어 끓인다.
평소보다 육수를 진하게 우려낸다.

2 사각어묵 3장, 양파 1/4개는 얇고 길게 채 썰고, 부추 40g은 길게 자른다.

3 작은 볼에 대파 1토막, 청양고추 1개를 잘게 다져 넣고, 고춧가루 1.5숟가락, 진간장 2숟가락, 액젓(멸치) 1숟가락, 참기름 2숟가락, 통깨 조금 섞어서 양념장을 만든다.
양념장은 넉넉하게 만들어서 냉장 보관하면 나중에 사용하기 편리하다.

4 다른 냄비에 물을 끓여 소면 2인분을 삶아서 찬물에 헹궈 물기를 뺀다.
젓가락으로 건져서 먹어보고 시간을 조절한다.

5 육수가 우러나면 국간장 1/2숟가락, 소금 조금 넣어 간을 맞추고, 썰어둔 어묵과 양파를 넣고 3~5분간 끓인다.

6 달걀 2개를 풀어 빙 둘러 넣는다.

7 불을 끄고 부추를 넣는다.

8 면기에 소면을 담고 국물을 부은 후 양념장을 올리고 후춧가루를 뿌린다.

Day 5

비빔만두 & 어묵탕 (2인분)

Recipe
여름 4주 레시피

재료 냉동 만두 1봉지(400g), 양배추 100g, 사각어묵 4장, 양파 1/4개, 대파 1/4대, 물 1L, 육수팩 1개, 국간장 1숟가락

비빔만두 양념 고춧가루 1숟가락, 진간장 1숟가락, 식초 2숟가락, 올리고당 1숟가락, 고추장 1숟가락

How to make

어묵탕

1 사각어묵 4장은 접어서 꽂이에 꽂고, 대파 1/4대는 어슷썰기, 양파 1/4개는 굵게 채 썬다.
어묵은 나무젓가락에 꽂거나 먹기 좋은 크기로 자른다.

2 냄비에 물 1L를 붓고 육수팩 1개를 넣어 끓인다.

3 육수가 우러나면 국간장 1숟가락, 어묵꽂이를 넣고 3분간 끓이다가 썰어둔 양파, 대파를 넣어 한 번 더 끓인다.

비빔만두

4 양배추 100g은 얇게 채 썬다.

5 고춧가루 1숟가락, 진간장 1숟가락, 식초 2숟가락, 올리고당 1숟가락, 고추장 1숟가락을 섞어서 양념장을 만든다.

6 어묵탕을 끓이는 동안, 프라이팬에 식용유를 넉넉히 두르고 만두를 굽는다.
냉동 만두에 식용유를 발라 에어프라이어에 구워도 된다.

7 양념장에 채 썬 양배추를 넣고 버무린다.

8 그릇에 군만두와 양배추 무침을 담아 낸다.

Chapter 03

Autumn

가을

Meal plan

가을 식단표

	Day 1	Day 2	Day 3	Day 4	Day 5	장보기 금액
1주	에그누들볶음	명란비지찌개	꽃게홍합찜	스테이크볶음밥	꽃게된장찌개 & 명란달걀말이	51,581원
2주	고추장삼겹살	참치비빔밥	김치삼겹순두부	해물덮밥	골뱅이소면	49,030원

Meal plan

가을 식단표

	Day 1	Day 2	Day 3	Day 4	Day 5	장보기 금액
3주	고사리파스타	우삼겹솥밥	오징어콩나물 국밥	김치오징어전 & 도토리묵무침	우삼겹육개장	49,340원
4주	닭볶음탕	중국집 볶음밥	고추장찌개	목살꽈리고추 볶음	두부강된장	51,800원

Week 1
가을 1주 식단

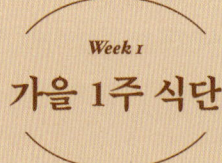

Day 01 에그누들볶음

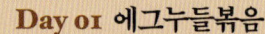

Day 02 명란비지찌개

Day 03 꽃게홍합찜

Day 04 스테이크볶음밥

Day 05 꽃게된장찌개 & 명란달걀말이

장바구니 목록

품목	구입량	가격	사용된 레시피
냉동 새우	200g	6,400원	에그누들볶음
에그누들	1봉지(454g)	4,500원	에그누들볶음
숙주	380g	1,490원	에그누들볶음 스테이크볶음밥
콩비지	1봉지(320g)	2,480원	명란비지찌개
애호박	1개	3,490원	명란비지찌개 꽃게된장찌개
느타리버섯	200g	1,290원	명란비지찌개 스테이크볶음밥
저염 명란젓	100g	6,950원	명란비지찌개 명란달걀말이
콩나물	1봉지(300g)	1,490원	꽃게홍합찜
홍합	1kg	5,400원	꽃게홍합찜
냉동 손질 꽃게	500g(8~9조각)	9,900원	꽃게홍합찜 꽃게된장찌개
소고기 스테이크용	250g	8,191원	스테이크볶음밥
		총 51,581원	

그 외 재료 : 대파, 고추, 양파, 달걀, 감자전분

Day 1

에그누들볶음(2인분)

Recipe
가을 1주 레시피

재료 에그누들 2인분, 냉동 새우 200g, 대파 1/4대, 달걀 2개, 숙주 200g
페페론치노 가루 조금, 으깬 땅콩 조금

양념 식용유 3순가락, 다진 마늘 1순가락, 진간장 1순가락, 액젓(멸치) 1순가락,
굴소스 1순가락, 물 3순가락

How to make

1 냉동 새우 200g은 찬물에 여러 번 씻은 후 물에 담가 해동한다.

2 대파 1/4대는 길게 썰고, 달걀 2개를 준비한다.

3 숙주 200g도 물에 깨끗이 씻는다.

4 끓는 물에 에그누들을 넣고 삶은 후 찬물에 한 번 헹구고 체에 받쳐 물기를 빼둔다.

5 웍에 식용유 3숟가락을 두른 후 다진 마늘 1숟가락, 길게 썬 대파를 넣고 약불에 향을 내면서 볶는다. 이어서 해동한 새우를 넣고 중불에 볶는다.

6 익힌 새우를 한쪽으로 밀어놓고, 달걀 2개를 넣어 스크램블을 만든다.

7 삶은 에그누들을 넣고 섞는다.

8 진간장 1숟가락, 액젓(멸치) 1숟가락, 굴소스 1숟가락, 물 3숟가락을 넣고 간이 골고루 배도록 섞는다.

9 숙주를 전부 넣고 빠르게 볶는다.

10 그릇에 담고 취향에 따라 페페론치노 가루, 으깬 땅콩을 뿌린다.

Day 2

명란비지찌개 (2인분)

Recipe
가을 1주 레시피

재료 콩비지 1봉지(320g), 저염 명란젓 3개(약 75g), 애호박 1/3개, 느타리버섯 50g, 대파 1/4대, 청양고추 2개

양념 식용유 1숟가락, 참치액 1숟가락, 소금 1꼬집, 물 200ml

How to make

1 애호박 1/3개는 반달썰기, 느타리버섯 50g은 찢기, 대파 1/4대와 청양고추 2개는 송송 썰기를 한다.

2 저염 명란젓 3개는 칼등으로 속을 긁어낸다.

3 냄비에 식용유 1숟가락을 두르고, 송송 썬 대파를 중불에 볶는다.

4 썰어둔 애호박, 느타리버섯을 넣고 소금 1꼬집을 뿌려 볶는다.

5 채소가 익으면 콩비지 1봉지, 물 200ml, 참치액 1숟가락을 넣고 간을 해서 끓인다.

6 재료들이 전부 어우러지면 명란과 송송 썬 청양고추를 넣고 한 번 더 끓인다.
명란의 염도가 저마다 다르니 무자란 간은 소금을 더한다.

Day 3

꽃게홍합찜 (2인분)

Recipe
가을 1주 레시피

재료 냉동 손질 꽃게 6~7조각, 홍합 1kg, 콩나물 1봉지(300g), 대파 1대, 청양고추 1개, 전분물(감자전분 2숟가락, 물 4숟가락), 물 300ml, 맛술 2숟가락, 고춧가루 2숟가락, 후춧가루 조금

양념장 설탕 1숟가락, 고춧가루 2숟가락, 맛술 2숟가락, 진간장 1숟가락, 고추장 1숟가락, 다진 마늘 1숟가락

How to make

1 냉동 손질 꽃게 8~9조각 중 2조각은 5일 차의 된장찌개에 사용한다.(냉동 보관)

2 나머지 꽃게 6~7조각은 흐르는 물에 씻고, 뾰족한 다리 끝부분을 잘라낸다.

3 홍합 1kg은 족사(수염)를 제거하고 홍합끼리 문질러 껍데기의 이물질을 긁어낸 후 찬물에 여러 번 씻는다.

4 대파 1대는 길게 썰고, 청양고추 1개는 어슷썰기한다.

5 설탕 1숟가락, 고춧가루 2숟가락, 맛술 2숟가락, 진간장 1숟가락, 고추장 1숟가락, 다진 마늘 1숟가락을 섞어 양념장을 만들고, 감자전분 2숟가락과 물 4숟가락을 섞어 전분물을 만든다.

6 넓은 냄비나 웍에 꽃게와 홍합, 물 300ml, 맛술 2숟가락을 넣고 끓으면 중불로 낮춰서 7~8분간 꽃게와 홍합을 익힌다.

7 재료를 볶기 좋게 홍합 껍데기를 몇 개만 남기고 살만 발라낸다. 국물도 한 국자만 남기고 버린다.
국물이 짭짤하기 때문에 조금만 남겨도 충분하다.

8 꽃게와 홍합 위에 양념장 절반, 씻어 놓은 콩나물, 나머지 양념장을 순서대로 올리고 뚜껑을 닫아서 5분간 콩나물을 익힌다.

9 콩나물이 익으면 뒤적여 섞고, 조금 더 빨간 색감을 위해 고춧가루 2숟가락을 더하고 후춧가루를 뿌린다.

10 전분물을 조금씩 넣어가며 농도를 맞춘 후 썰어둔 대파와 청양고추를 넣는다.

Day 4

스테이크볶음밥(2인분)

Recipe
가을 1주 레시피

재료 소고기 스테이크용 250g, 느타리버섯 150g, 숙주 180g, 밥 2공기
양념 올리브유 3숟가락, 소금 조금, 후춧가루 조금, 진간장 1숟가락, 참치액 1숟가락

How to make

1 스테이크용 소고기 250g은 소금, 후 춧가루 조금씩, 올리브유 1숟가락을 발라 실온에 10~20분 꺼내 냉기를 뺀다.

2 느타리버섯 150g은 적당한 두께로 찢고, 숙주 180g은 깨끗이 씻는다.

3 팬에 올리브유 2숟가락을 두르고 충분히 예열한 후 소고기를 앞뒤로 1~2분씩 노릇하게 굽고 접시에 올려 잠시 래스팅한다.

그릇이나 호일로 덮어 열기가 빠져나가지 않게 한다.

4 고기를 구운 팬에 느타리버섯을 넣고 소금 1꼬집을 뿌려서 함께 볶는다.

소고기 기름이 부족하면 올리브유를 조금 추가한다.

5 밥 2공기를 넣고 불을 줄여 골고루 섞는다.

6 불을 올려서 진간장 1숟가락, 참치액 1숟가락을 넣어 간이 골고루 배도록 섞는다.

7 숙주를 전부 넣고 빠르게 볶는다.

8 접시에 볶음밥을 담고, 스테이크를 썰어서 올린다.

취향에 따라 후춧가루를 뿌리고, 와사비를 곁들여도 좋다.

Day 5

꽃게된장찌개
& 명란달걀말이 (2인분)

Recipe
가을 1주 레시피

재료 냉동 손질 꽃게 2조각, 양파 1/2개, 애호박 2/3개, 대파 1/4대, 청양고추 1개, 달걀 3개, 명란 1개(25g)

양념 물 500ml, 육수팩 1개, 된장 1숟가락, 고춧가루 1/2숟가락, 소금 1꼬집

How to make

> 꽃게된장찌개

1 냄비에 물 500ml를 붓고 꽃게 2조각, 육수팩 1개를 넣어 끓인다.

2 양파 1/2개, 애호박 2/3개는 큼직하게 썰고, 대파 1/4대, 청양고추 1개는 송송 썬다.

3 꽃게 국물이 우러나면 떠오르는 거품과 육수팩은 건져내고, 된장 1숟가락을 넣어 풀어준다.

> 명란달걀말이

4 국물이 끓으면 썰어둔 양파, 애호박, 대파, 청양고추, 고춧가루 1/2숟가락을 넣고 끓인다.

5 채소가 익을 때까지 7~10분간 끓인다.

6 볼에 달걀 3개를 풀어서 소금 1꼬집을 넣고 골고루 섞는다.

7 팬에 식용유를 약간 두르고 예열한 뒤 약불에 달걀물의 절반을 부어 끝부분부터 말아준다.

약불로 두고 천천히 말면 색감이 예쁘고 쉽게 말아진다.

8 나머지 달걀물을 붓고 중간에 명란젓 1개를 올려서 마저 말아준다.

9 팬의 가장자리로 옮겨 모양을 잡는다.

10 한 김 식힌 후 썰어서 접시에 담는다.

한 김 식혀서 썰어야 달걀이 부스러지지 않는다.

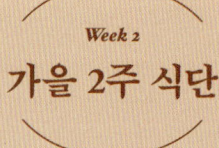

Week 2
가을 2주 식단

Day 01 고추장삼겹살

 Day 02 참치비빔밥

Day 03 김치삼겹순두부

 Day 04 해물덮밥

Day 05 골뱅이소면

장바구니 목록

품목	구입량	가격	사용된 레시피
삼겹살	600g	14,940원	고추장삼겹살 김치삼겹순두부
청상추	150g	2,290원	고추장삼겹살 참치비빔밥 골뱅이소면
캔참치	1캔(150g)	3,150원	참치비빔밥
오이	2개	4,990원	참치비빔밥 골뱅이소면
순두부	1봉지	2,000원	김치삼겹순두부
청경채	50g	1,790원	해물덮밥
냉동 해물모둠	400g	9,800원	해물덮밥
표고버섯	100g	2,590원	해물덮밥
골뱅이 통조림	1캔(230g)	7,480원	골뱅이소면
		총 49,030원	

그 외 재료 : 대파, 고추, 양파, 달걀, 김치, 소면, 감자전분

Day 1

고추장삼겹살 (2인분)

Recipe
가을 2주 레시피

재료 삼겹살 500g, 대파 흰 부분 1토막, 양파 1/2개, 청상추 약 100g

양념 설탕 2순가락, 고춧가루 2순가락, 맛술 2순가락, 진간장 2순가락, 고추장 2순가락, 다진 마늘 1순가락

설탕과 맛술의 양을 조금 줄이고 대신 매실액을 넣어도 좋다.

How to make

1 대파 흰 부분 1토막은 가운데 심지를 빼고 펼쳐서 채 썰고, 양파 1/2개도 채 썬다.

2 채 썬 대파와 양파는 찬물에 담가 매운맛을 빼준다.

3 볼에 설탕 2숟가락, 고춧가루 2숟가락, 맛술 2숟가락, 진간장 2숟가락, 고추장 2숟가락, 다진 마늘 1숟가락을 넣고 섞어서 양념장을 만든다.

4 양념장에 삼겹살 500g을 넣고 골고루 버무린 뒤 30분 이상 재워둔다.

5 팬에 식용유를 조금 둘러 중약불로 예열한 후 삼겹살을 올려 굽는다. 양념이 타지 않도록 약불에 자주 뒤집으면서 굽는다.

6 어느 정도 구워지면 먹기 좋은 크기로 자르고 완전히 익힌다

7 물에 담가둔 양파와 대파의 물기를 제거하고 그릇에 깐 다음 구운 양념 삼겹살을 올린다.

청상추에 싸서 먹는다.

Day 2

참치비빔밥(2인분)

Recipe
가을 2주 레시피

재료 캔참치 1캔(150g), 청상추 5~6장, 오이 1개, 달걀 2개, 고추장 2숟가락, 밥 2공기

How to make

1 청상추 5~6장은 작게 썰고, 오이 1개는 깍둑썰기를 한다. 더 아삭한 식감을 원하면 가운데 오이씨 부분을 파내고 썬다.

2 달걀 프라이를 만든다.

3 그릇에 밥을 1공기씩 담고 썰어둔 상추, 오이를 올린다.

4 참치는 기름을 빼서 1/2캔, 고추장 1숟가락, 달걀 프라이를 각각 올린다.

Day 3

김치삼겹순두부 (2인분)

Recipe
가을 2주 레시피

재료 삼겹살 100g, 익은 김치 120g, 순두부 1봉지, 대파 1토막, 청양고추 1개, 양파 1/4개, 달걀 1개

양념 식용유 2숟가락, 물 300ml, 고춧가루 1숟가락, 액젓(멸치) 1숟가락, 후춧가루 조금

How to make

1 양파 1/4개는 깍둑썰기를 하고, 대파 1토막, 청양고추 1개는 송송 썬다.

2 삼겹살 100g과 익은 김치 120g도 작게 썰어서 준비한다.

3 냄비에 식용유 2숟가락을 두르고 대파를 넣어 중불에 볶다가 삼겹살을 넣고 함께 볶는다.

4 삼겹살의 겉면이 익으면 썰어둔 김치를 넣어 같이 볶는다.

5 고춧가루 1숟가락을 넣고 볶아서 빨갛게 기름을 낸 후 물 300ml, 액젓(멸치) 1숟가락을 넣고 5분간 끓인나.

6 썰어둔 양파와 청양고추, 순두부 1봉지를 넣고 채소가 익을 때까지 마저 끓인다.

7 마지막으로 달걀 1개를 넣고, 후춧가루를 뿌린다.

Day 4

해물덮밥(2인분)

Recipe
가을 2주 레시피

재료 냉동 해물모둠 400g, 표고버섯 100g, 청경채 50g, 대파 1대, 전분물(감자전분 2숟가락, 물 4숟가락), 밥 2공기

양념 식용유 2숟가락, 다진 마늘 1숟가락, 물 200ml, 진간장 2숟가락, 치킨스톡 1/3숟가락, 맛술 1숟가락, 후춧가루 조금, 참기름 조금
치킨스톡 대신 굴소스를 넣어도 맛있다.

How to make

1 냉동 해물모둠 400g은 찬물에 여러 번 헹구고 물에 담가 해동한다.
식초를 조금 넣으면 비린맛을 잡을 수 있다.

2 청경채 50g은 밑동을 잘라내고, 표고버섯 100g은 편을 썰고, 대파 1대도 길게 썬다.

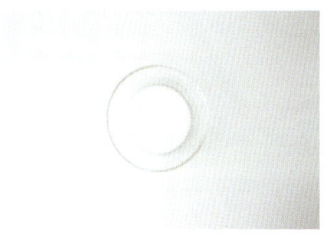

3 감자전분 2숟가락과 물 4숟가락을 섞어 전분물을 만든다.

4 웍에 식용유 2숟가락을 두르고 다진 마늘 1숟가락을 볶다가 해동한 해물모둠을 전부 넣어 센 불에 빠르게 익힌다.

5 썰어둔 표고버섯과 대파를 넣고 함께 볶는다.

6 진간장 2숟가락, 치킨스톡 1/3숟가락, 맛술 1숟가락을 넣어 간을 한다.

7 물 200ml를 넣고 끓으면 청경채를 넣고 살짝 뒤적인다.

8 전분물을 조금씩 넣어가면서 원하는 농도로 맞춘다.
전분물을 넣고 빠르게 섞어야 덩어리가 생기지 않는다.

9 후춧가루를 조금 뿌린다.

10 그릇에 밥을 담고 채소와 해물을 올린 후 참기름을 조금 두른다.

Day 5

골뱅이소면(2인분)

Recipe
가을 2주 레시피

재료 골뱅이 통조림 1캔(230g), 소면 1.5인분(150g), 오이 1개, 청상추 5~7장, 양파 1/4개

양념장 골뱅이 국물 4숟가락, 설탕 1숟가락, 고춧가루 2숟가락, 국간장 1숟가락, 식초 3숟가락, 다진 마늘 1/2숟가락, 고추장 1숟가락, 참기름 조금, 통깨 조금

How to make

1 청상추 5~7장은 큼직하게, 양파 1/4개는 얇게 썰고, 오이 1개는 길게 반을 잘라 어슷썰기를 한다.

2 골뱅이는 먹기 좋은 크기로 자른다.

3 골뱅이 국물 4숟가락, 설탕 1숟가락, 고춧가루 2숟가락, 국간장 1숟가락, 식초 3숟가락, 다진 마늘 1/2숟가락, 고추장 1숟가락을 섞어 양념장을 만든다.

맛을 보고 취향에 따라 식초와 설탕 등을 추가한다.
소면이나 다른 재료를 더 추가한다면 양념장의 양을 더 늘린다.

4 냄비에 물을 끓이고 소면을 삶아 찬물에 씻어서 물기를 뺀다.

5 볼에 썰어둔 상추, 양파, 오이, 골뱅이를 담고 양념장을 부어서 무친다.

손에 힘을 빼고 뒤적이며 섞는 정도로 무친다.

6 그릇에 소면과 골뱅이 무침을 담고 참기름을 한 번 두른 후 통깨를 뿌린다.

Week 3

가을 3주 식단

Day 01 고사리파스타

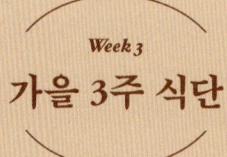

Day 02 우삼겹솥밥

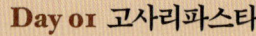

Day 03 오징어콩나물국밥

Day 04 김치오징어전 & 도토리묵무침

Day 05 우삼겹육개장

장바구니 목록

품 목	구입량	가격	사용된 레시피
삶은 고사리	200g	6,990원	고사리파스타 우삼겹육개장
느타리버섯	350g	2,290원	고사리파스타 우삼겹육개장
쪽파	200g	3,190원	고사리파스타 우삼겹솥밥 오징어콩나물국밥
냉동 우삼겹	1kg	18,990원	우삼겹솥밥 우삼겹육개장
콩나물	300g	1,390원	오징어콩나물국밥
손질 오징어(냉장)	2마리(300g)	11,010원	오징어콩나물국밥 김치오징어전
도토리묵	1개(300g)	2,000원	도토리묵무침
상추	150g	1,990원	도토리묵무침
숙주	200g	1,490원	우삼겹육개장
		총 49,340원	

그 외 재료 : 대파, 마늘, 고추, 달걀, 김치, 파스타면, 부침가루

Day 1

고사리파스타(2인분)

Recipe
가을 3주 레시피

재료 파스타면 2인분(200~250g), 삶은 고사리 130g, 느타리버섯 150g, 마늘 15개, 쪽파 2대

양념 물 1.5L, 소금 1/2순가락, 올리브유 5순가락, 진간장 1/2순가락, 액젓(멸치) 2순가락, 소금 조금, 후춧가루 조금

How to make

1 마늘 15개는 도톰하게 편 썰고, 느타리버섯 150g은 길쭉하게 찢는다. 삶은 고사리 130g은 길게 썰고, 고명용 쪽파 2대는 송송 썬다.

2 물 1.5L에 소금 1/2숟가락을 넣고 끓으면 파스타면 2인분을 넣어 삶는다.

3 팬에 올리브유 5숟가락을 두르고 편 썬 마늘을 약불에 서서히 향을 내며 볶는다.

4 중불로 올려서 고사리를 넣고 볶다가 느타리버섯을 넣어 같이 볶는다.

5 진간장 1/2숟가락, 액젓(멸치) 2숟가락을 넣고 간이 골고루 배도록 섞으면서 볶는다.

6 파스타면과 면수 한 국자를 넣고 골고루 섞으면서 한 번 더 볶는다. 마지막에 통후추를 갈아서 뿌린다.

7 접시에 면과 고사리를 같이 돌돌 말아서 놓고 볶은 마늘을 올린 후 송송 썬 쪽파를 뿌린다.

Day 2

우삼겹솥밥(2인분)

Recipe
가을 3주 레시피

재료   쌀 2컵, 육수(물) 2컵, 우삼겹 350g, 쪽파 100g
1컵=180ml

양념   맛술 1숟가락, 진간장 5숟가락, 설탕 1/2숟가락

How to make

1 쌀 2컵은 깨끗이 씻어서 물을 부어 30분간 불린다. 찬물 500ml에 육수팩 1개를 넣고 냉침한 육수를 넣으면 솥밥이 더욱 맛있다.

2 쪽파 100g은 송송 썬다.

3 솥에 우삼겹 350g을 넣고 맛술 1숟가락을 뿌려 중불에 익힌다.

4 우삼겹이 거의 익으면 진간장 3숟가락, 설탕 1/2숟가락을 넣고 볶는다. 우삼겹은 그릇에 덜어놓고, 기름도 3숟가락 정도 남겨두고 닦아낸다.

5 우삼겹을 볶은 기름에 불린 쌀과 진간장 2숟가락을 넣고 골고루 볶는다.

6 육수(물) 2컵을 넣고 센 불에 3~5분간 끓이다가 물이 졸아들면 뚜껑을 닫고 약불에 10분 정도 밥을 짓는다.

솥과 불의 세기, 쌀에 따라 밥 짓는 시간이 다르니, 10~12분 정도로 조절한다.

7 밥이 다 되면 송송 썬 쪽파를 듬뿍 올리고 그 위에 볶은 우삼겹을 올린 후 불을 끄고 뚜껑을 닫아 5~10분간 뜸을 들인다.

Day 3

오징어콩나물국밥 (2인분)

Recipe
가을 3주 레시피

재료 손질 오징어 1마리, 콩나물 300g, 쪽파 2대, 청양고추 2개, 달걀 2개, 밥 2공기
양념 물 1.2L, 육수팩 1개, 소금 1/2숟가락, 후춧가루 조금

How to make

1 냄비에 물 1.2L를 붓고 육수팩 1개를 넣어 끓인다.

2 쪽파 2대, 청양고추 2개를 송송 썬다.

3 다른 냄비에 물 500ml를 붓고 끓으면 손질 오징어 1마리를 넣어 1분간 데치고 건져내서 식힌다.

4 육수가 끓으면 육수팩을 건져내고, 콩나물 300g과 소금 1/2숟가락을 넣어 7분간 삶는다.

5 한 김 식힌 오징어를 작게 자른다.

6 뚝배기에 밥 한 공기, 삶은 콩나물을 올리고 육수를 넉넉히 부은 후 달걀 1개를 넣어 한 번 더 끓이다.

육수가 모자라면 물을 보충한다.

7 국밥이 바르르 끓으면 썰어둔 오징어와 송송 썬 청양고추, 쪽파를 올린다.

간이 모자라면 새우젓이나 소금을 더하고 후춧가루를 뿌린다.

Day 4

김치오징어전
& 도토리묵무침(2인분)

Recipe
가을 3주 레시피

재료 손질 오징어 1마리, 김치 250g, 부침가루 150g, 물 180ml, 청양고추 2개,
도토리묵 1개(300g), 상추 150g

양념 설탕 1.5숟가락, 고춧가루 2숟가락, 식초 3숟가락, 진간장 1.5숟가락,
참기름 2숟가락, 통깨 조금

How to make

김치오징어전

1 김치 250g과 손질 오징어 1마리를 먹기 좋은 크기로 썰고, 청양고추 2개도 송송 썬다.

2 볼에 썰어둔 김치, 오징어, 청양고추, 부침가루 150g, 찬물 180ml를 넣고 골고루 섞어서 반죽을 만든다.
너무 많이 휘젓지 않고 가루가 보이지 않을 정도만 섞는다.

3 팬에 기름을 넉넉히 두르고 중불로 예열한 후 반죽의 절반을 올려서 양면을 노릇하게 부친다. 총 2장이 나오는 분량이다.

도토리묵무침

4 끓는 물에 도토리묵 1개(300g)를 3분간 데친 후 찬물에 식힌다.

5 도토리묵을 무칠 볼에 설탕 1.5숟가락, 고춧가루 2숟가락, 식초 3숟가락, 진간장 1.5숟가락, 참기름 2숟가락, 통깨 조금 섞어서 양념장을 만든다.

6 상추 150g을 큼직하게 찢고, 식힌 도토리묵을 잘라서 볼에 함께 담아 골고루 섞는다.
쪽파를 썰어서 넣어도 좋다.

Day 5

우삼겹육개장 (2인분)

Recipe
가을 3주 레시피

재료 우삼겹 300g, 대파 1대, 청양고추 2개, 느타리버섯 200g, 삶은 고사리 70g, 숙주 200g

양념 식용유 3숟가락, 물 1L, 고춧가루 4숟가락, 진간장 2숟가락, 국간장 2숟가락, 액젓(멸치) 1숟가락, 다진 마늘 1숟가락, 다시다 1/3숟가락, 후춧가루 조금

How to make

1 느타리버섯 200g은 적당한 굵기로 찢고, 삶은 고사리 70g도 한두 번 썬다.

2 대파 1대는 길게 썰고, 청양고추 2개는 어슷썰기를 한다.

3 냄비에 식용유 3숟가락을 두르고 중불에 썰어둔 대파를 볶는다.

4 대파가 흐물하게 익으면 우삼겹 300g을 넣고 함께 볶는다. 우삼겹 기름은 조금만 남기고 닦아낸다.

5 고사리를 넣고 같이 볶다가 고춧가루 4숟가락을 넣어 고추기름을 내면서 볶는다.

6 고춧가루가 충분히 어우러지면 진간장 2숟가락을 넣어 향을 입힌다.

7 물 1L를 붓고 끓으면 국간장 2숟가락, 액젓(멸치) 1숟가락, 다진 마늘 1숟가락, 다시다 1/3숟가락을 넣어 간을 한다.

8 재료들이 어우러지도록 5분간 끓인다.

9 씻은 숙주 200g, 느타리버섯, 청양고추를 넣고 후춧가루를 뿌린 후 약 10분간 끓인다.

Week 4

가을 4주 식단

Day 01 닭볶음탕

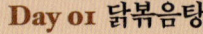

Day 02 중국집 볶음밥

Day 03 고추장찌개

Day 04 목살꽈리고추볶음

Day 05 두부강된장

장바구니 목록

품 목	구입량	가격	사용된 레시피
닭고기 볶음탕용	1마리(800g)	9,200원	닭볶음탕
감자	1kg	6,990원	닭볶음탕 고추장찌개
냉동 새우	200g	6,500원	중국집 볶음밥
짜장 소스	1봉지(250g)	3,500원	중국집 볶음밥
돼지고기 목살	600g	14,940원	고추장찌개 목살꽈리고추볶음
애호박	1개	3,990원	두부강된장 고추장찌개
꽈리고추	100g	2,490원	목살꽈리고추볶음
상추	1봉지(150g)	1,990원	목살꽈리고추볶음 두부강된장
두부	1모(300g)	2,200원	두부강된장
		총 51,800원	

그 외 재료 : 대파, 고추, 양파, 마늘, 달걀

Day 1

닭볶음탕(2인분)

Recipe
가을 4주 레시피

재료 닭고기 볶음탕용 800g, 감자 4개, 양파 1개, 청양고추 2개
양념 물 500ml, 설탕 2숟가락, 진간장 2숟가락, 맛술 1숟가락, 고춧가루 3숟가락,
다진 마늘 1숟가락, 고추장 1/3숟가락, 액젓(멸치) 1숟가락

How to make

1 끓는 물에 닭고기 800g을 넣고 10분간 데쳐 불순물을 제거한 후 찬물에 깨끗이 씻는다.

2 감자 4개, 양파 1개를 큼직하게 썰고, 청양고추 2개는 굵게 송송 썬다.

3 냄비에 데친 닭고기, 물 500ml, 설탕 1숟가락, 진간장 2숟가락, 맛술 1숟가락을 넣고 중불에 10분간 끓인다.

4 썰어둔 감자를 넣고, 설탕 1숟가락, 고춧가루 3숟가락, 다진 마늘 1숟가락, 고추장 1/3숟가락, 액젓(멸치) 1숟가락을 넣어 중약불에 15분간 끓인다.
감자가 익을 때까지 충분히 끓인다.

5 감자가 익으면 썰어둔 양파, 청양고추를 넣고 섞으면서 한 번 더 끓인다.

Day 2

중국집 볶음밥(2인분)

Recipe
가을 4주 레시피

재료 냉동 새우 200g, 짜장 소스 1봉지(2인분), 양파 1개, 마늘 10개, 달걀 2개, 밥 2공기
양념 식용유 5순가락, 진간장 2순가락, 후춧가루 조금

How to make

1 냉동 새우 200g은 물에 여러 번 헹구고 찬물에 담가 해동한다. 해동한 새우는 2마리를 제외한 나머지를 먹기 좋게 절반으로 썬다.

2 마늘 10개는 편 썰고, 양파 1개는 큼직하게 썬다.

3 웍에 식용유 2숟가락을 두르고, 썰어둔 양파를 넣어 중불에 볶는다.

4 양파가 투명하게 익으면 짜장 소스 1봉지를 넣고 볶는다.

짜장 소스가 짠 편이라면 물을 조금 넣어 간을 맞춘다.

5 팬에 식용유 3숟가락을 두르고 편 썬 마늘을 중불에 볶는다.

6 마늘 향이 나면서 익으면 새우를 넣어 함께 볶는다.

7 새우가 탱글하게 익으면 한쪽으로 밀어놓고, 달걀 2개를 올려 스크램블을 만든다.

8 약불로 줄여 밥 2공기를 넣고 골고루 섞으면서 볶은 후, 중불로 올리고 진간장 2숟가락을 둘러서 한 번 더 섞고 후춧가루를 뿌린다.

9 접시에 볶음밥을 담고 짜장 소스를 붓는다.

밥그릇 바닥에 새우 한마리씩 놓고 밥을 눌러 담은 후 접시에 뒤집어서 놓으면 새우가 예쁘게 올려진 모양이 된다.

Day 3

고추장찌개(2인분)

Recipe
가을 4주 레시피

재료 돼지고기 목살 150g, 감자 2개, 애호박 1/2개, 청양고추 2개, 양파 1/2개
양념 식용유 1숟가락, 물 400ml, 고추장 1숟가락, 진간장 1숟가락, 액젓(멸치) 1숟가락,
설탕 1/3숟가락, 고춧가루 1숟가락

How to make

1 감자 2개, 애호박 1/2개, 양파 1/2개는 깍둑썰기를 하고, 청양고추 2개는 송송 썬다.

2 돼지고기 목살 150g도 작게 썬다.

3 냄비에 식용유 1숟가락을 두르고 썰어둔 목살을 중불에 볶는다. 목살의 겉이 익고 기름이 배어 나오면 고추장 1숟가락을 넣어 섞어가면서 볶는다.

4 물 400ml를 넣고 끓으면 진간장 1숟가락, 액젓(멸치) 1숟가락, 설탕 1/3숟가락을 넣어 양념물을 만두 후 단단한 감자부터 넣어 뚜껑을 닫고 5분간 익힌다.

5 감자가 반 이상 익으면 썰어둔 애호박, 양파, 청양고추, 고춧가루 1숟가락을 넣는다.

6 채소가 익을 때까지 5~10분간 끓인다.

Day 4

목살꽈리고추볶음 (2인분)

Recipe
가을 4주 레시피

재료 돼지고기 목살 450g, 꽈리고추 100g, 마늘 7개, 상추 1/2봉지
양념 식용유 2숟가락, 설탕 1.5숟가락, 진간장 2숟가락, 맛술 2숟가락, 올리고당 1숟가락

How to make

1 돼지고기 목살 450g을 먹기 좋은 크기로 자른다.

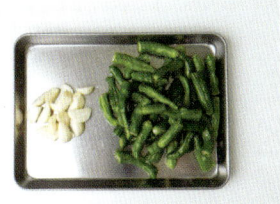

2 꽈리고추 100g, 마늘 7개는 절반으로 썬다.

3 팬에 식용유 2숟가락을 두르고, 썰어둔 마늘을 중불에 볶다가 목살, 설탕 1숟가락을 넣어 뒤적이면서 굽는다.

4 목살이 90% 정도 노릇하게 구워지면 꽈리고추를 넣고 살짝 볶는다.

5 진간장 2숟가락, 맛술 2숟가락, 설탕 1/2숟가락을 넣어 간이 골고루 배도록 섞으면서 볶다가 올리고당 1숟가락을 둘러서 한 번 더 섞는다.

상추에 싸서 먹는다.

Day 5

두부강된장(2인분)

Recipe
가을 4주 레시피

재료 두부 1모(300g), 애호박 1/2개, 양파 1/2개, 대파 1/4대, 청양고추 3개, 상추 1/2봉지
양념 식용유 1숟가락, 물 100ml, 된장 2숟가락, 액젓(멸치) 1숟가락, 고춧가루 1~2숟가락

How to make

1 두부 1모(300g)를 작은 크기로 깍둑 썰기를 한다.

2 애호박 1/2개, 양파 1/2개, 대파 1/4대도 작게 썬다.
버섯 등 자투리 채소를 넣어도 좋다.

3 청양고추 3개는 송송 썬다.

4 뚝배기에 식용유 1숟가락을 두르고 썰어둔 애호박, 대파, 양파를 중불에 볶은 후 중약불로 줄이고 뚜껑을 덮어 3분간 익힌다.

5 채소에서 수분이 나오면 된장 2숟가락을 넣고 섞어가면서 볶는다.

6 된장이 골고루 섞이면 물 100ml, 액젓(멸치) 1숟가락을 넣고 끓인다.
된장마다 염도가 다르므로 물 양으로 짠맛을 조절한다.

7 썰어둔 두부와 청양고추를 넣고 약불에 자작하게 끓인다.

8 고춧가루 1~2숟가락을 넣고 한 번 더 끓인다.
밥과 함께 상추에 싸서 먹는다.

Chapter 04

Winter

겨울

겨울 식단표

	Day 1	Day 2	Day 3	Day 4	Day 5	장보기 금액
1주	참치두부조림	백합탕 & 고등어구이	얼큰만둣국	고등어조림	소고기말이 & 된장밥	38,870원
2주	돼지고기 시금치덮밥	대패삼겹살 하이라이스	돈가스김치나베	마파두부	대패삼겹살 부추무침	41,000원

Meal plan
겨울 식단표

	Day 1	Day 2	Day 3	Day 4	Day 5	장보기 금액
3주	유린기 & 마늘볶음밥	오징어 양배추볶음	참치명란양배추덮밥	김치참치덮밥	명란솥밥 & 오징어뭇국	50,386원
4주	소고기두부 짜글이	동태탕	고등어덮밥	소고기덮밥	삼계탕	52,310원

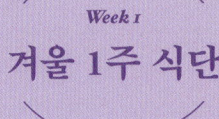

Week 1
겨울 1주 식단

Day 01 참치두부조림

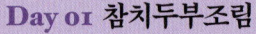

Day 02 백합탕 & 고등어구이

Day 03 얼큰만둣국

Day 04 고등어조림

Day 05 소고기말이 & 된장밥

장바구니 목록

품목	구입량	가격	사용된 레시피
두부	1모(300g)	2,200원	참치두부조림
캔참치	1캔(135g)	3,200원	참치두부조림
백합조개	500g	4,950원	백합탕
부추	200g	2,690원	백합탕 소고기말이
손질 고등어(냉동)	3쪽(150g*3)	6,400원	고등어구이 고등어조림
냉동 만두	1봉지(400g)	4,980원	얼큰만둣국
사골육수	1L	3,330원	얼큰만둣국
느타리버섯	200g	1,290원	얼큰만둣국 된장밥
무	1개	2,190원	고등어조림
소고기 앞다리살 불고기용(수입산)	300g	7,640원	소고기말이
		총 38,870원	

그 외 재료 : 대파, 고추, 양파, 달걀

Day 1

참치두부조림 (2인분)

Recipe
겨울 1주 레시피

재료 두부 1모(300g), 캔참치 1캔(135g), 대파 1대, 양파 1/2대, 물 200ml
양념 설탕 1/2숟가락, 고춧가루 1.5숟가락, 진간장 1.5숟가락, 참치액 1숟가락, 맛술 1숟가락, 다진 마늘 1/2숟가락, 후춧가루 조금, 참기름 1숟가락

How to make

1 설탕 1/2숟가락, 고춧가루 1.5숟가락, 진간장 1.5숟가락, 참치액 1숟가락, 맛술 1숟가락, 다진 마늘 1/2숟가락, 후춧가루 조금 섞어서 양념장을 만든다.

2 두부 1모(300g)는 도톰하게 썰고, 대파 1대, 양파 1/2대는 채 썬다.

3 냄비 바닥에 채 썬 양파를 먼저 깔고, 두부를 빙 둘러서 올린 후 참치 1캔(135g)을 기름을 짜내서 가운데 올린다.

4 양념장을 모두 올리고, 물 200ml를 부어서 끓인다.

5 중불에 7~10분간 끓이는데, 중간에 대파를 넣는다. 간이 골고루 배고 조려지면 참기름 1숟가락을 두른다.

Day 2

백합탕 & 고등어구이 (2인분)

Recipe
겨울 1주 레시피

재료 백합조개 500g, 손질 고등어 1팩(반 마리), 부추 50g, 청양고추 1개
양념 물 700ml, 소금 조금

How to make

고등어구이

1 고등어 1팩(반 마리)은 칼집을 내서 준비한다.

2 고등어는 팬에 식용유를 둘러 굽거나 에어프라이어 바스켓에 넣고 170도에서 10~15분간 굽는다.

백합탕

3 백합조개 500g은 물에 여러 번 헹군 후 물 1L에 소금 2숟가락을 넣어 1시간 정도 해감한다.

백합은 모래가 많이 나오지 않지만, 시간 여유가 있다면 최대한 해감하는 것이 좋다.

4 해감한 백합은 깨끗이 씻고, 부추 50g은 5cm 길이로 썰고, 청양고추 1개는 송송 썬다.

5 냄비에 물 700ml를 붓고 백합을 넣어 끓인다.

6 국물이 우러나면서 백합이 입을 벌리면, 떠오르는 거품은 걷어내고 썰어둔 부추와 청양고추를 넣는다.

7 모자란 간은 소금으로 더한다.

8 고등어구이를 백합탕과 함께 낸다.

Day 3

얼큰만둣국(2인분)

Recipe
겨울 1주 레시피

재료 냉동 만두 1봉지(400g), 사골육수 1L, 느타리버섯 100g, 대파 1대, 달걀 2개
양념 식용유 3순가락, 다진 마늘 1순가락, 고춧가루 3순가락, 진간장 1순가락, 국간장 2순가락, 다시다 1/3순가락, 후춧가루 조금

How to make

1 대파 1대는 세로로 반을 갈라 길게 썰고, 느타리버섯 100g은 적당한 두께로 찢는다.

2 냄비에 식용유 3숟가락을 두르고, 다진 마늘 1숟가락과 썰어둔 대파를 약불에 볶는다.

3 고춧가루 3숟가락을 넣고 타지 않게 볶아 고추기름을 만든다.

4 느타리버섯을 넣고 수분이 나올 정도로 볶다가 진간장 1숟가락을 둘러 향을 더한다.

5 사골육수 1L를 넣고 중강불에 끓인다.

6 국물이 끓어오르면 만두 1봉지(400g), 국간장 2숟가락, 다시다 1/3숟가락을 넣고 끓인다.

7 만두가 익어서 떠오르면 달걀 2개를 풀어서 넣는다.

8 마지막에 후춧가루를 뿌린다.

만둣국에 밥을 말아 먹거나, 우동면을 넣어서 끓여도 맛있다.

Day 4

고등어조림 (2인분)

Recipe
겨울 1주 레시피

재료 고등어 2팩(1마리), 무 300g, 양파 1/2개, 대파 1/3대, 청양고추 1개

양념장 물(육수) 400ml, 설탕 2/3순가락, 고춧가루 2순가락, 진간장 2.5순가락, 맛술 1순가락, 고추장 1/3순가락, 다진 마늘 1순가락, 후춧가루 조금

How to make

1 설탕 2/3숟가락, 고춧가루 2숟가락, 진간장 2숟가락, 맛술 1숟가락, 고추장 1/3숟가락, 다진 마늘 1숟가락, 후춧가루 조금 섞어서 양념장을 만든다.

2 무 300g은 1.5cm 두께로 큼직하게 썰고, 양파 1/2개는 채 썬다. 대파 1/3대와 청양고추 1개는 어슷썰기를 한다.

3 고등어 1마리는 지느러미를 잘라내고 양념이 잘 배도록 칼집을 낸 후 반으로 토막낸다.

4 냄비에 썰어둔 무를 깔고, 물(육수) 400ml와 진간장 1/2숟가락을 넣고 끓인다.

물 대신 육수를 넣으면 더욱 깊은 맛이 난다.

5 무가 반 정도 익으면 양념장 1숟가락을 넣어서 풀고, **무** 위에 고등어를 올린 다음 나머지 양념장을 올려서 뚜껑을 닫고 중불에 10분간 끓인다.

6 고등어와 무가 익고 양념이 잘 배어들면 썰어둔 양파, 대파, 청양고추를 넣고 조금 더 끓인다.

Day 5

소고기말이 & 된장밥(2인분)

Recipe
겨울 1주 레시피

재료 소고기 앞다리살 불고기용 300g, 부추 100g, 양파 1/2개, 느타리버섯 100g, 청양고추 2개, 밥 1.5공기

넓적한 불고기용 소고기가 없다면 육전용을 사용해도 된다.
부추 대신 쪽파와 팽이버섯을 넣어서 말아도 맛있다.

고기 소스 진간장 2숟가락, 설탕 1숟가락, 식초 1숟가락, 물 3숟가락, 연겨자 조금
양념 식용유 1숟가락, 물 500ml, 된장 1숟가락, 고춧가루 1/3숟가락

How to make

소고기말이

1 불고기용 소고기 120~150g을 조금씩 겹치도록 넓게 펼치고, 소금, 후춧가루로 밑간을 한 후 소고기 위에 부추 약 50g을 올리고 김밥처럼 돌돌 만다.

단단하게 말아야 풀리지 않는다.

2 소고기 끝부분은 잘라서 된장밥에 넣고, 나머지는 먹기 좋은 크기로 자른다.

3 된장밥에 사용할 느타리버섯 100g은 적당한 두께로 찢고, 양파 1/2개는 큼직하게 썰고, 청양고추 2개는 송송 썬다. 자투리 고기도 적당히 자른다.

4 예열한 팬에 식용유 1숟가락을 두르고, 썰어둔 양파와 소고기부추말이를 구워 진간장 2숟가락, 설탕 1숟가락, 식초 1숟가락, 물 3숟가락, 연겨자를 섞어 만든 소스에 찍어 먹는다.

된장밥

5 소고기말이를 구운 팬에 물 500ml, 된장 1숟가락, 썰어둔 양파, 느타리버섯, 청양고추, 자투리 고기를 넣고 끓인다. 재료가 익으면 밥 1.5공기와 고춧가루 1/3숟가락을 넣고 한 번 더 끓인다.

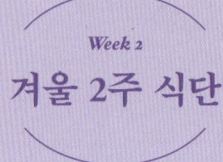

겨울 2주 식단
Week 2

Day 01 돼지고기시금치덮밥

Day 02 대패삼겹살하이라이스
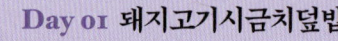

Day 03 돈가스김치나베

Day 04 마파두부

Day 05 대패삼겹살부추무침

장바구니 목록

품 목	구입량	가격	사용된 레시피
시금치	200g	2,590원	돼지고기시금치덮밥
돼지고기 다짐육	600g	7,650원	돼지고기시금치덮밥 마파두부
대패 삼겹살	1kg	11,990원	대패삼겹살하이라이스 대패삼겹살부추무침
하이라이스(고형)	1팩(160g)	4,380원	대패삼겹살하이라이스
치즈 돈가스(냉동)	1봉지(3개)	10,200원	돈가스김치나베
두부	1모(300g)	2,200원	마파두부
부추	100g	1,990원	대패삼겹살부추무침
		총 41,000원	

그 외 재료 : 대파, 고추, 양파, 김치, 달걀, 감자전분

Day 1

돼지고기시금치덮밥(2인분)

Recipe
겨울 2주 레시피

재료 시금치 200g, 돼지고기 다짐육 400g, 청양고추 3개, 달걀 2개, 밥 2공기
양념 식용유 3숟가락, 다진 마늘 1숟가락, 올리고당 1숟가락, 설탕 1숟가락, 진간장 2숟가락, 액젓(멸치) 1숟가락, 맛술 1숟가락, 굴소스 1/2숟가락, 후춧가루 조금, 참기름 조금

How to make

1 시금치 200g은 뿌리를 잘라내 깨끗이 씻고, 청양고추 3개는 잘게 다진다.

2 설탕 1숟가락, 진간장 2숟가락, 액젓(멸치) 1숟가락, 맛술 1숟가락, 굴소스 1/2숟가락, 후춧가루 조금 섞어서 양념장을 만든다.

3 팬에 식용유 3숟가락을 두르고 다진 마늘 1숟가락, 다진 청양고추를 약불에 볶는다.

4 중불로 올린 후, 키친타월로 핏물을 제거한 돼지고기 다짐육 400g을 넣고 쪼개면서 볶는다.

5 돼지고기가 거의 익으면 양념장을 부어서 조리다가 올리고당 1숟가락을 넣어 윤기를 더한다.

6 시금치를 전부 넣고 숨이 죽을 정도로 몇 번 뒤적인다.

7 불을 끄고 참기름을 한 번 두른다.

8 밥 위에 돼지고기 시금치 볶음과 달걀 프라이를 올린다.

Day 2

대패삼겹살하이라이스 (2인분)

Recipe
겨울 2주 레시피

재료 하이라이스(고형) 3개(60g), 대패 삼겹살 400g, 양파 1개, 밥 2공기
양념 식용유 1숟가락, 소금 1꼬집, 물 700ml

How to make

1 대패 삼겹살 400g을 준비한다.

2 양파 1개는 얇게 채 썬다.

3 웍에 식용유 1숟가락을 두르고 양파를 소금 1꼬집을 뿌려서 볶는다. 양파가 흐물해지면서 갈색빛이 돌 때까지 중약불에 충분히 볶는다.

4 대패 삼겹살 400g을 넣고 중불에 볶으면서 익힌다.

5 대패 삼겹살이 완전히 익으면 물 700ml를 붓고 끓인다.

6 국물이 끓어오르면 기름과 거품을 걷어낸다.

7 고형 하이라이스 3개를 넣고 풀어준다.
카레 가루를 1숟가락 추가하면 더욱 맛있다.

8 원하는 농도로 뭉근하게 끓인다.

9 밥 위에 하이라이스를 듬뿍 올린다.

Day 3

돈가스김치나베 (1인분)

Recipe
겨울 2주 레시피

재료 김치 150g, 돈가스 1개, 양파 1/4개, 대파 조금(고명용), 달걀 1개
양념 식용유 1숟가락, 물 300ml, 진간장 1숟가락, 김치 국물 2숟가락, 고춧가루 1/2숟가락, 토마토케첩 1/2숟가락

2인분은 재료를 2배로 준비하고, 돈가스는 3개 사용한다.

How to make

1 김치 150g은 작게 썬다.

2 양파 1/4개는 채 썰고, 고명용 대파는 얇게 송송 썬다.

3 돈가스 1개는 프라이팬에 튀기거나 에어프라이어에 굽는다.

4 팬에 식용유 1숟가락을 두르고 썰어 둔 김치, 양파를 중불에 볶는다.

5 물 300ml, 진간장 1숟가락, 김치 국물 2숟가락, 고춧가루 1/2숟가락을 넣고 끓인다.

6 김치가 부드럽게 익으면 토마토케첩 1/2숟가락을 넣는다.

7 돈가스를 잘라서 올리고 달걀 1개를 풀어서 붓는다.

8 달걀이 촉촉하게 익으면 송송 썬 대파를 뿌린다.

Day 4

마파두부(2인분)

Recipe
겨울 2주 레시피

재료 두부 1모(300g), 돼지고기 다짐육 200g, 대파 1/2대, 전분물(감자전분 2숟가락+물 4숟가락), 밥 2공기

양념 식용유 2숟가락, 물 400ml, 다진 마늘 1숟가락, 된장 1/2숟가락, 고춧가루 2숟가락, 진간장 1.5숟가락, 굴소스 1숟가락, 설탕 1/2숟가락, 후춧가루 조금

How to make

1 두부 1모는 2~3cm 크기로 깍둑썰기를 한다.

2 대파 1/2대는 송송 썬다.

3 감자전분 2숟가락, 물 4숟가락을 섞어 전분물을 만든다.

4 웍에 식용유 2숟가락을 두르고 송송 썬 대파, 다진 마늘 1숟가락을 중불에 볶는다.

5 키친타월로 핏물을 제거한 돼지고기 다짐육 200g을 넣고 쪼개면서 볶는다.

6 돼지고기가 익으면 고춧가루 2숟가락, 된장 1/2숟가락을 넣고 볶는다.

7 물 400ml를 넣고 끓인다.

8 국물이 끓으면 두부를 먼저 넣고, 진간장 1.5숟가락, 굴소스 1숟가락, 설탕 1/2숟가락, 후춧가루 조금 넣어 간을 한다.

9 5분간 끓인 후 전분물을 조금씩 섞으면서 원하는 농도로 맞춘다.
전분물을 넣고 빠르게 저어야 뭉치지 않는다.

10 밥 위에 마파두부를 올린다.

Day 5

대패삼겹살부추무침(2인분)

Recipe
겨울 2주 레시피

재료 대패 삼겹살 600g, 부추 100g, 청양고추 1개, 설탕 1숟가락, 진간장 2숟가락, 참치액 1숟가락

부추무침 양념 설탕 1숟가락, 고춧가루 1숟가락, 진간장 1숟가락, 식초 2숟가락, 참기름 2숟가락, 통깨 조금

How to make

1 부추 100g은 길게 썰고, 청양고추 1개는 송송 썰어 볼에 담는다.

2 예열한 팬에 대패 삼겹살 600g을 중불로 굽는다.

3 삼겹살을 구우면서 기름이 많이 나오면 조금만 남기고 닦아낸다.

4 삼겹살이 노릇하게 구워지면 설탕 1숟가락, 진간장 2숟가락, 참치액 1숟가락을 넣어 간을 하고 양념이 골고루 배도록 섞으면서 볶는다.

5 부추와 청양고추에 설탕 1숟가락, 고춧가루 1숟가락, 진간장 1숟가락, 식초 2숟가락, 참기름 2숟가락, 통깨 조금 넣어서 살살 무친다.

6 넓은 접시에 볶은 삼겹살과 부추무침을 나란히 담는다.

Week 3

겨울 3주 식단

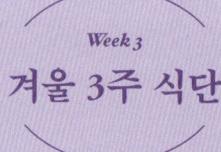

Day 01 유린기 & 마늘볶음밥

Day 02 오징어양배추볶음

Day 03 참치명란양배추덮밥

Day 04 김치참치덮밥

Day 05 명란솥밥 & 오징어뭇국

장바구니 목록

품 목	구입량	가격	사용된 레시피
양상추	1통	3,290원	유린기
닭다리살	1팩(500g)	8,466원	유린기
쪽파	200g	3,990원	유린기 명란솥밥
깻잎	30g	1,490원	오징어양배추볶음
손질 오징어(냉동)	2마리(600g)	12,990원	오징어양배추볶음 오징어뭇국
양배추	500g	2,990원	오징어양배추볶음 참치명란양배추덮밥
저염 명란젓	1통(160g)	7,980원	참치명란양배추덮밥 명란솥밥
캔참치	2캔(150g*2)	7,200원	참치명란양배추덮밥 김치참치덮밥
무	1개	1,990원	오징어뭇국
		총 50,386원	

그 외 재료 : 대파, 고추, 양파, 마늘, 김치, 달걀, 감자전분, 버터

Day 1

유린기 & 마늘볶음밥 (2인분)

Recipe
겨울 3주 레시피

재료 닭다리살 500g, 양상추 1통, 쪽파 70g, 청양고추 2개, 마늘 15개, 달걀 2개, 감자전분 2순가락, 밥 1.5공기

양념 식용유 넉넉히, 설탕 3순가락, 진간장 4순가락, 식초 4순가락, 굴소스 1/2순가락, 소금 조금, 후춧가루 조금

How to make

마늘볶음밥

1 마늘 10개는 편 썰고, 5개는 굵게 다진다. 굵게 다진 마늘은 유린기 소스에 사용한다.

2 팬에 식용유 3숟가락을 두르고 편 썬 마늘을 중약불에 볶는다.

3 마늘이 노릇해지기 시작하면 한쪽으로 밀어놓고, 달걀 2개를 넣어 스크램블을 만든다.

4 밥 1.5공기를 넣고 골고루 섞는다.

5 진간장 1숟가락, 굴소스 1/2숟가락을 넣어 간을 하고 골고루 섞으면서 볶는다.

6 간이 모자라면 소금을 더 넣어서 맞추고 후춧가루를 뿌린다.

유린기

7 닭다리살을 펼쳐놓고 소금, 후춧가루를 조금씩 뿌려서 밑간을 한다.

8 밑간한 닭다리살 앞뒤로 감자전분 2숟가락을 묻힌다.

비닐봉지에 닭다리살과 전분을 켜켜이 넣고 흔들어서 묻히면 편하다.

9 팬에 식용유를 넉넉히 둘러서 예열하고 중약불에 닭다리살을 양쪽으로 노릇하게 튀기듯이 굽는다.

닭다리살의 껍질 쪽부터 굽는다.

10 쪽파 70g, 청양고추 2개는 얇게 송송 썬다.

11 다진 마늘, 송송 썬 쪽파, 청양고추, 설탕 3숟가락, 진간장 3숟가락, 식초 4숟가락을 섞어서 양념장을 만든다.

식초를 조금 줄이고 레몬즙을 추가하면 더욱 상큼하다.

12 넓은 접시에 씻은 양상추를 찢어서 펼치고 튀긴 닭다리살을 큼직하게 잘라서 올린 후 양념장을 듬뿍 올린다.

Day 2

오징어양배추볶음(2인분)

Recipe
겨울 3주 레시피

재료 오징어 1마리, 양배추 250g, 대파 1/2대, 청양고추 1개, 깻잎 30g
양념 식용유 2순가락, 설탕 1/2순가락, 고춧가루 3순가락, 진간장 3순가락, 맛술 1순가락, 고추장 1/2순가락, 다진 마늘 1순가락, 후춧가루 조금, 참기름 조금

How to make

1 해동한 오징어 1마리는 먹기 좋은 크기로 자른다.

몸통 안쪽에 칼집을 내서 자르면 보기에도 좋고 양념이 잘 밴다.

2 양배추 250g은 한 입 크기로 썰고, 대파 1/2대, 청양고추 1개는 어슷썰기를 한다.

3 깻잎 30g은 굵게 채 썬다.

4 설탕 1/2숟가락, 고춧가루 3숟가락, 진간장 3숟가락, 맛술 1숟가락, 고추장 1/2숟가락, 다진 마늘 1숟가락, 후춧가루 조금 섞어서 양념장을 만든다.

5 웍에 식용유 2숟가락을 두르고 썰어둔 대파를 중불에 볶는다.

6 대파가 익으면 자른 오징어와 양념장을 전부 넣고 중강불에 빠르게 볶는다.

오래 볶으면 오징어가 질겨진다.

7 오징어와 양념이 어우러지면 썰어둔 양배추와 청양고추를 넣고 중강불에 짧게 볶는다.

8 불을 끄고 참기름을 둘러서 살짝 섞는다.

9 접시에 오징어양배추볶음을 담고 채 썬 깻잎을 올린다.

Day 3

참치명란양배추덮밥 (2인분)

Recipe
겨울 3주 레시피

재료 캔참치 1캔(150g), 양배추 250g, 저염 명란젓 1개(40g), 대파 1/4대, 달걀 2개, 밥 2공기

양념 식용유 2숟가락, 진간장 1숟가락, 소금 1꼬집, 후춧가루 조금

How to make

 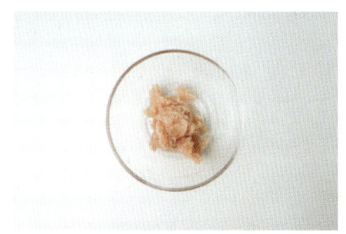 

1 양배추 250g은 작게 썰고, 대파 1/4대는 굵게 다진다.

2 저염 명란젓 1개(40g)는 반을 갈라 칼등으로 속을 빼낸다.

3 팬에 식용유 2숟가락을 두르고 다진 대파를 중불에 볶는다.

4 썰어둔 양배추를 전부 넣고 소금 1꼬집을 뿌려 섞으면서 볶는다.

5 양배추가 투명하게 익으면 기름기를 뺀 참치 1캔을 넣고 섞는다.

6 진간장 1숟가락을 넣어 간을 더한다.

7 명란젓을 넣고 함께 볶은 뒤 후춧가루를 뿌린다.

8 접시에 밥을 넓게 펴고 참치 명란 양배추 볶음과 달걀 프라이를 차례로 올린다.

Day 4

김치참치덮밥 (2인분)

Recipe
겨울 3주 레시피

재료 익은 김치 300g, 캔참치 1캔(150g), 대파 1대, 양파 1/2개, 달걀 2개, 밥 2공기
양념 식용유 2숟가락, 물 150ml, 고추장 1숟가락, 고춧가루 1/2숟가락, 설탕 1/2숟가락, 참기름 조금

How to make

1 익은 김치 300g은 양념을 털고 작게 자른다.

2 대파 1대는 어슷썰기를 하고, 양파 1/2개는 채 썬다.

3 팬에 식용유 2숟가락을 두르고, 썰어 둔 대파와 양파를 중불에 볶는다.

4 대파와 양파의 숨이 죽으면 김치를 넣고 볶는다.

많이 신 김치는 설탕 1/2~1숟가락을 넣어 신맛을 잡는다.

5 기름기를 뺀 참치 1캔을 넣고 볶다가 고추장 1숟가락, 고춧가루 1/2숟가락을 넣어 골고루 섞으면서 볶는다.

6 물 150ml, 설탕 1/2숟가락을 넣고 자작하게 끓인다.

7 촉촉하게 볶아지면 불을 끄고 참기름을 두른다.

8 접시에 밥과 김치 참치 볶음을 담고 달걀 프라이를 올린다.

Day 5

명란솥밥 & 오징어뭇국 (2인분)

Recipe
겨울 3주 레시피

재료 쌀 2컵, 물 2컵+1L, 저염 명란젓 4개(120g), 쪽파 100g, 오징어 1마리, 무 300g, 대파 1/3대, 청양고추 1개, 버터 1조각(15g), 육수팩 1개
1컵=180ml

양념 쯔유(국간장) 2순가락, 국간장 2순가락, 다진 마늘 1/2순가락, 고춧가루 1순가락, 소금 조금, 후춧가루 조금

How to make

오징어뭇국

1 오징어 1마리는 먹기 좋은 크기로 자른다.

오징어 몸통 안쪽에 칼집을 내서 자르면 예쁜 모양이 된다.

2 무 300g은 나박썰기를 하고, 대파 1/3대, 청양고추 1개는 어슷썰기를 한다.

3 냄비에 물 1L를 붓고 육수팩 1개를 넣어서 끓으면 육수팩을 건져내고 썰어둔 무를 넣는다.

4 무가 반 정도 투명하게 익으면 국간장 2숟가락, 다진 마늘 1/2숟가락, 고춧가루 1숟가락을 넣고 끓인다.

5 무가 완전히 익으면 자른 오징어와 대파, 청양고추를 넣고 2~3분간 끓인다.

6 모자란 간은 소금을 넣어서 맞춘다.

7 마지막에 후춧가루를 뿌린다.

명란솥밥

8 쌀 2컵을 여러 번 씻은 후 물을 부어서 30분 정도 불린다.

9 저염 명란젓 4개(120g)는 칼집을 낸다.

10 쪽파 100g은 잘게 송송 썬다.

11 솥에 불린 쌀과 물 2컵, 쯔유 2숟가락을 넣고 저은 후 중불에 5분간 끓인다.

12 밥물이 졸아들면 뚜껑을 닫고 약불에 10분간 밥을 짓는다.

쯔유 대신 국간장을 넣어도 된다.

13 송송 썬 쪽파 전부, 명란젓, 버터 1조각을 올린 후 뚜껑을 닫고 불을 끈 상태에서 7분간 뜸을 들인다.

Week 4
겨울 4주 식단

Day 01 소고기두부짜글이

Day 02 동태탕

Day 03 고등어덮밥

Day 04 소고기덮밥

Day 05 삼계탕

장바구니 목록

품목	구입량	가격	사용된 레시피
두부	1모(300g)	2,200원	소고기두부짜글이
소고기 샤부샤부용	600g	15,590원	소고기두부짜글이 소고기덮밥
느타리버섯	350g	2,290원	소고기두부짜글이 동태탕 소고기덮밥
손질 동태	1마리(500g)	5,900원	동태탕
무	1개	1,990원	동태탕
손질 고등어	1마리(160~180g*2팩)	5,900원	고등어덮밥
쪽파	200g	3,990원	고등어덮밥 삼계탕
닭 삼계탕용	2마리(550g*2)	10,160원	삼계탕
삼계탕용 육수팩	1팩(3개)	4,290원	삼계탕
		총 52,310원	

그 외 재료 : 대파, 고추, 양파, 마늘, 달걀

Day 1

소고기두부짜글이(2인분)

Recipe
겨울 4주 레시피

재료 소고기 샤부샤부용 300g, 두부 1모(300g), 느타리버섯 150g, 양파 1/2개, 대파 1/3대, 청양고추 1개

양념 물 400ml, 고춧가루 1.5숟가락, 다진 마늘 1숟가락, 진간장 2숟가락, 참치액 1숟가락, 맛술 2숟가락, 고추장 1숟가락, 후춧가루 조금, 참기름 조금

How to make

1 고춧가루 1.5숟가락, 다진 마늘 1숟가락, 진간장 2숟가락, 참치액 1숟가락, 맛술 2숟가락, 고추장 1숟가락, 후춧가루 조금 섞어서 양념장을 만든다.

2 샤부샤부용 소고기 300g을 준비한다.

3 두부 1모(300g)는 1.5cm 두께로 도톰하게 썬다.

4 느타리버섯 150g은 적당한 두께로 찢고, 양파 1/2개, 대파 1/3대는 얇게 채썰고, 청양고추 1개는 어슷썰기를 한다.

5 넓은 냄비 바닥에 채 썬 양파와 대파, 청양고추를 깔고, 소고기와 두부, 느타리버섯을 올린다.
고명으로 올릴 대파와 청양고추를 조금 남겨둔다.

6 양념장을 모두 올린 후 물 400ml를 부어서 중불에 10분, 약불에 5분간 양념이 배도록 끓인다.

7 간이 모자라면 국간장을 더해서 맞춘다. 남겨둔 대파와 청양고추를 올리고 참기름을 두른다.

Day 2

동태탕(2인분)

Recipe
겨울 4주 레시피

재료 손질 동태 1마리(500g), 무 300g, 느타리버섯 100g, 대파 1/2대, 청양고추 1개
양념 물 1L, 된장 1/2순가락, 고춧가루 3순가락, 국간장 2순가락, 참치액 1순가락, 다진 마늘 1순가락, 소금 조금, 후춧가루 조금

How to make

1 해동한 동태 1마리는 물에 씻은 후 지느러미를 잘라낸다.

2 무 300g은 1cm 두께로 나박썰기를 하고, 느타리버섯 100g은 적당한 두께로 찢는다. 대파 1/2대, 청양고추 1개는 어슷썰기를 한다.

3 냄비에 물 1L를 붓고 썰어둔 무, 동태를 넣은 후 된장 1/2숟가락, 고춧가루 3숟가락을 풀어서 끓인다.

4 중불에 10~15분 끓인 후 무가 투명하게 익으면, 국간장 2숟가락, 참치액 1숟가락, 다진 마늘 1숟가락을 넣어서 간을 한다.

5 느타리버섯, 대파, 청양고추를 넣고 5분간 끓인다.

6 모자란 간은 소금을 넣어서 맞추고, 후춧가루를 솔솔 뿌린다.

Day 3

고등어덮밥(1인분)

Recipe
겨울 4주 레시피

재료 손질 고등어 1팩(반 마리), 쪽파 50g, 밥 1공기
양념 진간장 1.5숟가락, 맛술 2숟가락, 설탕 1숟가락, 다진 마늘 1/2숟가락, 물 5숟가락
2인분을 조리할 때는 재료 양을 2배로 늘린다.

How to make

1 고등어 1팩은 지느러미를 잘라내고 칼집을 낸다.

2 쪽파 50g은 잘게 썬다.

3 진간장 1.5숟가락, 맛술 2숟가락, 설탕 1숟가락, 다진 마늘 1/2숟가락, 물 5숟가락을 섞어서 양념장을 만든다.

4 팬에 식용유를 두르고 고등어를 앞뒤로 노릇하게 굽는다.

5 고등어를 앞뒤로 완전히 구운 후 기름을 닦아낸다.

6 불을 끄고 고등어구이에 양념장을 부은 후 다시 불을 켜고 중약불에 양념을 끼얹으며 조린다.

양념을 부을 때 튈 수 있으니 불을 끄고 조심히 넣는다.

7 접시에 밥을 담고 쪽파를 듬뿍 깔고 나서 고등어 조림을 올린다.

레몬즙을 뿌리거나 와사비를 곁들여도 좋다.

Day 4

소고기덮밥 (2인분)

Recipe
겨울 4주 레시피

재료 소고기 샤부샤부용 300g, 양파 1개, 느타리버섯 100g, 달걀 2개, 밥 2공기
양념 식용유 2순가락, 물 100ml, 설탕 1순가락, 맛술 2순가락, 진간장 3순가락, 소금 1꼬집, 후춧가루 조금

How to make

1 소고기 300g에 설탕 1숟가락, 맛술 2숟가락, 진간장 2숟가락, 후춧가루 조금 넣어 위아래로 뒤적여 양념을 골고루 묻힌다.

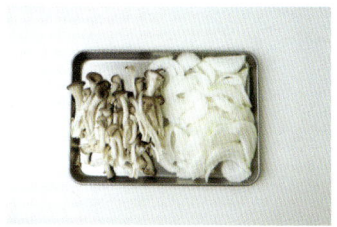

2 양파 1개는 얇게 채 썰고, 느타리버섯 100g은 적당한 두께로 찢는다.

3 달걀 2개를 풀어둔다.

4 팬에 식용유 2숟가락을 두르고 채 썬 양파, 느타리버섯을 소금 1꼬집을 뿌려서 볶는다.

5 양파와 느타리버섯이 흐물해질 정도로 익으면 양념해둔 소고기를 넣고 중불에 볶는다.

6 소고기가 익으면 물 100ml, 진간장 1숟가락을 넣어 자작하게 끓인다.

7 달걀물을 부어 촉촉하게 익힌다.

달걀물을 붓고 뒤섞으면 지저분해질 수 있으니 그대로 뚜껑을 덮어서 익힌다.

8 밥 위에 소고기 달걀 볶음을 듬뿍 올린다.

Day 5

삼계탕(2인분)

Recipe
겨울 4주 레시피

재료 닭 삼계탕용 2마리, 삼계탕용 육수팩 1~2개, 양파 1개, 마늘 15개, 쪽파 100g, 밥 1.5공기

양념 물 1.5L, 소금 1 순가락, 후춧가루 조금, 참치액 조금

How to make

1 삼계탕용 닭 2마리는 꼬리와 날개 끝 부분, 목과 꼬리 부분에 있는 지방 덩어리를 잘라내고, 닭 속에 있는 찌꺼기도 씻어낸다.

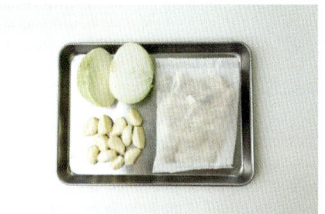

2 양파 1개는 절반으로 자르고, 마늘 15개와 삼계탕용 육수팩 1~2개를 준비한다.

대파, 통후추 등 원하는 재료를 넣어도 좋다.

3 쪽파 100g은 반으로 자른다.

쪽파 2대는 남겨두었다가 닭죽에 넣는다.

4 냄비에 손질한 닭, 마늘, 양파, 육수팩, 물 1.5L, 소금 1숟가락을 넣고 뚜껑을 연 상태에서 센 불에 10분, 뚜껑을 닫고 중불에 20분 끓인다.

5 닭이 충분히 익으면 육수팩과 양파를 건져낸다.

6 쪽파를 국물에 담가서 익히고, 후춧가루를 뿌린다.

7 먹고 남은 닭고기는 죽을 끓이기 위해 살만 발라내서 찢는다.

8 남은 국물에 밥 1.5공기를 넣고 중약불에 끓이다가 밥이 퍼지면 닭고기를 넣고 한 번 더 끓인다. 모자란 간은 참치액으로 맞춘다.

9 쪽파를 송송 썰어서 넣고 후춧가루를 뿌린다.

Index

ㄱ
갈릭새우덮밥 • 78
감자옹심이 • 44
감자채전 • 84
고등어구이 • 184
고등어덮밥 • 222
고등어조림 • 188
고사리파스타 • 154
고추장삼겹살 • 142
고추장찌개 • 170
곤드레삼치조림 • 58
골뱅이소면 • 150
김치낙지죽 • 38
김치삼겹순두부 • 146
김치오징어전 • 160
김치제육볶음 • 116
김치참치덮밥 • 212
꽁치김치찌개 • 106
꽃게된장찌개 • 138
꽃게홍합찜 • 134
꽈리고추장조림덮밥 • 26

ㄴ
낙지부추전 • 44

ㄷ
단호박곤드레솥밥 • 54
단호박제육볶음 • 56
달걀국 • 104
달래장 • 50
닭다리살꽈리고추덮밥 • 96
닭다리살채소구이 • 86
닭볶음탕 • 166
닭안심카레 • 66
대패삼겹살구이 • 50
대패삼겹살부추무침 • 202
대패삼겹살하이라이스 • 196
도토리묵무침 • 160
돈가스김치나베 • 198
돈가스덮밥 • 82
동죽탕 & 칼국수 • 64
동태탕 • 220
돼지고기시금치덮밥 • 194
돼지고기탕수육 • 40

된장찌개 • 90
두부강된장 • 174
두부조림 • 54

ㅁ
마늘등뼈찜 • 114
마늘볶음밥 • 86, 206
마파두부 • 200
메밀간장국수 • 84
명란계란말이 • 138
명란비지찌개 • 132
명란솥밥 • 214
목살꽈리고추볶음 • 172
무생채 • 62
미나리삼겹살볶음 • 90

ㅂ
바지락솥밥 • 108
백합탕 • 184
버섯숙주덮밥 • 94
볼락구이 • 32
볼락솥밥 • 28

부대찌개 • 110

부추비빔밥 • 46

불고기전골 • 102

비빔만두 • 122

ㅅ

삼겹살김치찌개 • 68

삼겹살수육 • 62

삼계탕 • 226

새우꽈리고추파스타 • 92

소고기덮밥 • 224

소고기두부싸글이 • 218

소고기말이&된장밥 • 190

소고기부추볶음밥 • 42

순두부찌개 • 46

스테이크볶음밥 • 136

스팸두부덮밥 • 52

시금치된장국 • 118

ㅇ

애호박찌개 • 80

양배추쌈 • 116

어묵국수 • 120

어묵탕 • 122

얼갈이배추된장국 • 32

얼큰만둣국 • 186

얼큰미나리버섯샤부샤부 • 98

얼큰손수제비 • 30

에그누들볶음 • 130

오징어뭇국 • 214

오징어양배추볶음 • 208

오징어콩나물국밥 • 158

우삼겹솥밥 • 156

우삼겹육개장 • 162

유린기 • 206

ㅈ

전자레인지 달걀찜 • 68

중국집 볶음밥 • 168

짜장밥 • 40

ㅊ

참치두부조림 • 182

참치명란양배추덮밥 • 210

참치비빔밥 • 144

ㅋ

콩나물국 • 56

콩나물밥 • 50

콩나물소고기국밥 • 34

ㅎ

해물덮밥 • 148

햄볶음밥 • 104

홍합탕 • 28

황태국밥 • 70

훈제오리채소볶음 • 118

P.14~17 사진 출처
샘표 www.sempio.com
오아시스마켓 www.oasis.co.kr
오뚜기 www.ottogi.co.kr
청정원 www.chungjungone.com
풀무원 https://shop.pulmuone.co.kr

Memo

Memo